이순신, 거북선을 만들다

일러두기
높이, 폭 등의 수치는 당시 단위를 현대식으로 환산하였으며, 날짜는 음력 기준으로 표기하였습니다.

해전을 승리로 이끈 위대한 역사
이순신, 거북선을 만들다

초판 1쇄 발행 2017년 3월 22일
개정 1쇄 발행 2025년 9월 30일

글 김지연   그림 경혜원
발행인 양원석   발행처 (주)알에이치코리아(등록 2004년 1월 15일 제2-3726호)
본부장 김문정   편집 박진희, 김하나, 정수연, 고한빈, 홍은채   디자인 조은영, 김민
해외저작권 안효주   마케팅 안병배, 명인수, 최유성, 김연서   제작 문태일, 안성현
주소 서울시 금천구 가산디지털2로 53, 20층(한라시그마밸리)
편집 문의 02-6443-8921   도서 문의 02-6443-8800
홈페이지 rhk.co.kr   블로그 blog.naver.com/randomhouse1
인스타그램 @junior_rhk   페이스북 facebook.com/rhk.co.kr

그림 ⓒ 경혜원
이 책은 저작권법에 의해 보호받는 저작물이므로 무단 전재와 복제를 금합니다.

ISBN 978-89-255-7316-8 (74900)
　　　 978-89-255-2418-4 (세트)

이 책은 2017년에 출간한 《이순신의 거북선 노트》의 개정판입니다.

※ 제조자명 (주)알에이치코리아 | 제조국명 대한민국 | 사용연령 8세 이상
※ 종이에 손이 베이거나 모서리에 다치지 않게, 책을 던지거나 떨어뜨리지 않게 주의하세요.
※ 잘못 만들어진 책은 구입하신 곳에서 바꾸어 드립니다.
※ KC마크는 이 제품이 공통안전기준에 적합하였음을 의미합니다.

해전을 승리로 이끈 위대한 역사

이순신, 거북선을 만들다

김지연 글 　경혜원 그림

주니어 RHK

저자의 말

우리는 이순신 장군에 대해 얼마나 알고 있을까요? 교과서나 드라마에 자주 등장해서 익숙하기는 하지만, 그렇다고 이순신 장군에 대해 잘 알고 있는 것은 아닐지도 몰라요.

이순신 장군은 세계 해전 역사를 연구하는 사람이라면 누구나 알고 있을 정도로 유명한 인물이에요. 다른 나라에서도 이순신 장군과 해전에 관해 끊임없이 연구하고 있으니까요. 이순신 장군은 육지에서도 전투를 지휘했지만, 바다에서 지휘한 전투가 훨씬 많아서 주로 제독(해군 함대의 사령관)이라 불려요. 그래서 '단 한 번도 패배하지 않은 제독', '가장 짧은 기간에 가장 많은 승리를 거둔 제독', '가장 적은 피해로 승리한 제독'과 같은 수식어를 가지고 있지요. 이는 이순신 장군만큼 바다에서의 싸움을 훌륭하게 이끈 장군은 없었다는 의미이기도 합니다.

이뿐 아니라 이순신 장군은 성품, 준비성, 전투에 임하는 자세 등에 있어서도 무척 뛰어난 사람이었어요. 윗사람의 잘못을 지적할 수 있는 용기가 있었고, 불리한 상황에서도 결코 포기하지 않았거든요. 그래서 당시

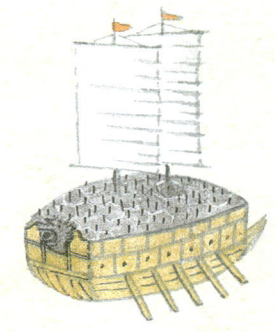

에도 많은 사람이 이순신 장군을 믿고 의지하며 따랐답니다.

《이순신, 거북선을 만들다》는 크게 세 장으로 구분되어 있어요. 첫 장 '나, 이순신'에서는 이순신 장군의 생애와 훌륭한 면모를 가까이에서 느낄 수 있습니다. '거북선 기록'에는 조선 시대의 군선인 판옥선과 거북선의 구조 및 활용 방법을 정리했고, '해전 기록'에는 임진왜란 때 판옥선과 거북선을 어떻게 전략적으로 활용하며 일본군에 맞서 싸웠는지를 지도와 함께 일목요연하게 정리해 두었어요.

이 책은 '이순신 장군이 지나간 일을 직접 기록했다면 어떻게 정리했을까?'라는 생각에서 출발했어요. 이순신 장군이 어떤 생각을 가지고 전투를 이끌었는지, 당시 상황은 어땠는지 등을 더욱 생생하게 느낄 수 있을 거예요. 여러분이 이 책을 통해 이순신 장군의 용기와 지혜를 배우는 시간이 되기를 바랍니다.

 김지연

차례

저자의 말 ········ 4

나, 이순신 ········ 8

거북선 기록 ········ 20

왜구에 대비해 ········ 22

조선의 군선 ········ 26

일본의 군선 ········ 32

거북선의 구조와 활용 ········ 38

주력 무기 ········ 52

해전 기록 ……… 62

임진왜란 ……… 64

- 옥포 해전 ……… 66
- 사천 해전 ……… 68
- 당포 해전 ……… 70
- 한산도 해전 ……… 72
- 부산포 해전 ……… 76

정유재란 ……… 80

- 칠천량 해전 ……… 82
- 명량 해전 ……… 84
- 노량 해전 ……… 86

이순신의 생애 ……… 90

* 임진왜란은 1592년부터 1598년까지 일본이 조선을 침략하면서 일어난 전쟁입니다. 이 책에서는 임진년에 시작된 1차 침략(1592~1593년)을 '임진왜란', 정유년에 시작된 2차 침략(1597~1598년)을 '정유재란'으로 구분하였습니다.

나, 이 순 신

32세 무과 급제

43세 백의종군(1차)

47세 전라 좌수영 수군절도사로 부임

49세 삼도 수군통제사로 부임

53세 백의종군(2차)

54세 노량 해전 중 순국

가족

이순신

무관이 된 후

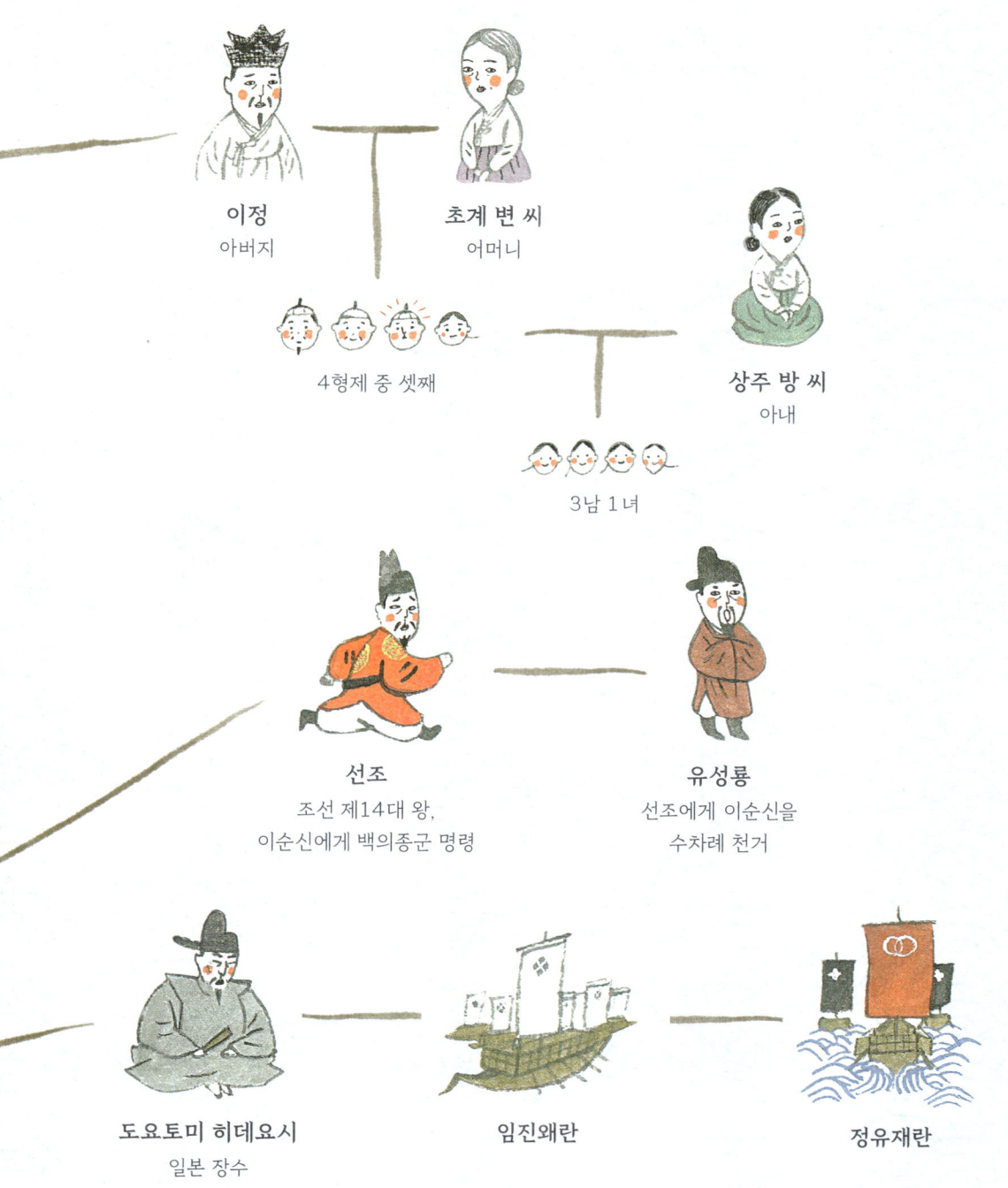

어린 시절, 전쟁놀이를 즐기던 내가 종9품 무관이 되고, 여러 관직을 거쳐 삼도를 지휘하는 수군통제사가 되었어. 수많은 전투에서 승리하기까지, 나의 이야기를 들려줄게.

무술년(1598년) 11월

    도요토미 히데요시가 지난 8월 18일에 사망했다는 소식을 들었어. 이 일로 일본군의 사기가 떨어지고 날씨도 점점 추워지니 결국 철군을 결정하더군. 지금 순천 앞바다에는 본국으로 돌아가려는 일본군들이 모여 있어. 내 나이 쉰넷. 이번 전투가 마지막이겠지? 모든 걸 걸고 총공격하리라, 한 놈도 살려 보내지 않으리라 다짐했어. 내가 이렇게 다짐하는 데는 이유가 있지.

    정유재란이 시작될 즈음, 임금님의 명령을 듣지 않았다는 이유로 체포되었다가 두 달간 옥고를 치르고 나온 지 얼마 되지 않았을 때였어. 옥에서 나온 나를 만나러 오시던 어머니께서 배 위에서 돌아가셨지. 그때 나는 몸이 아직 회복되지 않아 아프지 않은 곳이 없었고, 허무하게 돌아가신 어머니를 생각하면 하루 종일이라도 울고 싶었어. 하지만 어려움에 처한 나라와 고통받는 백성들을 생각하며 내 아픔은 잠시 미루고 여기까지 왔어.

내가 듣지 않았다는 임금님의 명령이란, 일본이 다시 침략해 올 테니 부산 앞바다로 나가 적극적으로 공격에 임하라던 일이야. 난 그게 일본군의 함정일 수도 있다고 생각해서 명령을 따르지 않았어. 왜냐하면 그 정보를 알려 준 사람이 일본 장수였거든. 그래서 신중하게 행동하려고 했던 거지, 임금님의 명령을 어기려던 건 아니었어. 아무래도 날 싫어하는 사람들에게 미움을 산 게 아닌가 싶어.

내가 잘못된 일을 그냥 참고 넘어가질 못하는 성격이라 잘못을 한 사람과는 사이좋게 지내지 못해. 그런 성격 때문에 사형당할 위기까지 있었지만, 한편으로는 그런 나를 좋게 본 분들도 있어서 다행히 사형을 면할 수 있었어. 대신 '백의종군하라'는 명령을 받았지. 그래서 도원수(전쟁 때 모든 군대를 통솔하는 임시 관직) 권율 장군 밑에서 두 번째 백의종군을 하던 중에 원균 장군이 칠천량 해전에서 크게 패하는 사건이 터진 거야.

그때 난 초계에 머물고 있었는데, 여러 해 동안 병사들과 더불어 피땀 흘리며 정비해 놓은 수군이 몰살에 가까운 패배를 했다는 게 믿기지 않았어. 나는 도원수께 부탁해 군관 아홉 명과 함께 패전 지역을 둘러봤지.

가끔 백의종군(白衣從軍)의 의미를 잘못 알고 있는 경우가 있는데, 한자 그대로 풀이하면 '흰 옷을 입고 군대를 쫓는다'는 뜻이야. 관직이 없는 상태로 전쟁터에 나가 임무를 수행한다는 의미이지만, 어느 정도 장수로서의 대우를 받아. 그리고 백의종군 중에 공을 세우면 원래의 직책을 다시 받을 수 있어.

　노량에 도착했을 때, 거제 현령(현의 우두머리, 종5품)이었던 안위와 영등포 만호(장군 직급, 종4품)였던 조계종 등을 만나 패전의 자세한 상황을 듣게 되었어. 그들은 나를 보더니 "전투가 불리해지자 통제사 원균이 도망쳤고, 결국 이 지경이 되었습니다."라며 엉엉 울더라고. 군을 이끄는 장수가 먼저 도망을 치다니! 남겨진 병사들은 그때 어떤 심정이었을까? 그렇게 도망친 원균 장군은 해안가에서 약 2킬로미터도 못 가 일본군에게 죽임을 당했다는 거야. 그 말을 듣고 나니 밤이 늦도록 잠을 이룰 수가 없었어. 밤새 뒤척이다가 아침에 일어나니 눈병이 날 지경이었지.

　이후 경상 우수사인 배설을 만났는데 그러더군. 좀 비겁한 행동이었지만 배의 파손을 막으려고 빨리 도망친 바람에 그나마 열두 척의 판옥선을 지킬 수 있었다고……. 그 많던 판옥선과 거북선이 모두 사라지고 남은 게 고작 열두 척뿐이라니, 정말 슬펐어.

　다음 날 도원수께 보고를 하고 진주 부근에 남았어. 비록 백의종군하는 몸이지만 주변을 살피지 않을 수 없었거든. 그리고 열흘 뒤 8월 3일에 삼도 수군통제사(경상도, 전라도, 충청도의 수군을 통솔하는 총지휘관, 종2품) 자리로 복귀하라는 명령을 받았지. 전투에 쓸 배가 열두 척뿐인 통제사. 하지만 임금님의 부름을 외면할 순 없었어.

그런데 임금님은 나에게 이 병력으로는 일본군에 맞서기 어렵다며 해전을 포기하고 수군들과 육지로 가서 싸우라고 하는 거야. 난 그에 대한 대답으로 "신에게는 아직 열두 척의 전함이 남아 있사옵니다."라고 장계(왕의 명령을 받고 지방에 나가 있는 신하가 왕에게 올리는 보고서)를 올렸지. 그때 나는 비장한 각오를 했어. 나라와 백성을 위해 내 한 몸 아끼지 않겠다고 말이야. 그러고 나니 만감이 교차하며 지나간 세월이 주마등처럼 눈앞에 펼쳐지더라고.

어렸을 때 난 한양 건천동에 살았는데, 전쟁놀이를 좋아했어. 동네 아이들이 모여 편을 가르고, 상대편을 어떻게 이길지 작전을 짜는 게 즐거웠지. 전쟁놀이를 하면 두 대장 중 하나는 항상 나였어. 동네 아이들은 내가 대장인 편이 되려고 다투기 일쑤였지.

난 사서삼경 같은 책을 보며 글공부도 열심히 했어. 우리 집안은 대대로 문과로 관직에 나갔으니까 나도 그래야 한다고 생각했거든. 그러다가 스물한 살에 장가를 들었는데, 장인어른께서 문과보다 무과를 준비하는 게 어떠냐고 하시는 거야. 곰곰이 생각해 보니, 나에게는 무과가 더 맞는 것 같았어. 그래서 무과를 준비했지. 장인어른 역시 무과에 급제해 무관으로 사셨던 분이어서 정말 큰 도움이 됐어.

스물여덟 살이 되던 임신년(1572년), 원래 그해에는 시험이 없었어. 정기 시험은 3년에 한 번뿐이었거든. 대신 그해엔 특별 시험이 있어서 처음으로 무과 시험에 도전하게 됐지. 그런데 활쏘기 시험 중 말이 넘어지면서 나도 말에서 떨어져 다리를 다쳤어. 무관이 되려는 사람이 말에서 떨어지다니, 정말 큰 실수였지. 하지만 시험을 포기하고 싶진 않았어. 그래서 나무껍질을 벗겨 다친 다리를 동여매고 시험을 끝까지 마쳤지만, 결과는 예상대로 낙방이었어. 다음 해에 있던 정기 시험은 못 보고, 4년 뒤 서른두 살에야 시험에 합격해 무관이 되었지.

첫 번째 발령지는 함경도의 어느 두메산골로, 당시 여진족들과 자주 싸움이 나는 접경 지역이었어. 그동안 배우고 익힌 것을 토대로 열심을 다했지. 약 2년의 근무 기간이 끝난 뒤 훈련원 봉사로 승진해 한성으로 왔어. 훈련원 봉사는 군사 관련 업무를 수행하고 다른 관리들의 인사를 담당하는 직책이야. 그때 안 좋은 일이 있었어. 서익이라는 사람이 내 직속상관이었는데, 친분 있는 몇몇 사람을 무리하게 승진시키라는 거야. 난 당연히 안 된다고 했지. 원칙은 응당 지켜야 하는 거라고 생각했으니까. 의롭지 못한 일에 굴복할 수는 없었어.

그 일이 있고 얼마 뒤, 충청도 병마절도사의 군관으로 발령을 받았어. 어느 정도는 각오하고 있던 일이었어. 그렇지만 한편으로는 부정부패를 일삼는 관리들이 이토록 많다는 사실에 가슴 아팠지. 묵묵히 충청도에서 근무한 지 아홉 달쯤 지났을까. 그때가 경진년(1580년) 7월이었는데, 전라 좌수영의 발포 만호로 발령이 났어. 갑자기 승진이라니. 어찌 된 일인지 모르겠지만 '나를 좋게 본 분들도 있구나' 하는 생각이 들었지. 만호는 종4품으로 비로소 장군이라고 불릴 수 있었어. 내 나이 서른여섯, 무과에 급제한 지 4년 만의 일이었어.

이때 처음으로 우리나라 수군을 지휘했지. 거기서도 불의를 참지 못하는 내 성격 때문에 마찰이 좀 있었어. 직속상관이었던 전라 좌수영 수군절도사(장군 직급, 정3품) 성박 장군이 발포 만호 병영에 있는 오동나무를 베어 거문고를 만든다는 거야. 나라 소유의 나무를 마음대로 베다니, 당연히 안 된다고 했지. 그런데 부끄러운 줄도 모르고 그 일로 앙심을 품더라고. 그동안 그런 사람을 많이 겪어 왔기 때문에 괜한 꼬투리를 잡히지 않도록 모든 일을 깔끔하게 처리해 두었던 터라 무사히 넘어 갔어. 하지만 임오년(1582년) 정월에 서익 대감이 내가 무기 관리를 소홀히 했다는 장계를 올려 파직되었지. 서익은 한성에서 나에게 지인의 부당한 관리 승급을 강요했던 바로 그 사람이야. 억울했지만 어쩔 수 없었어.

같은 해 5월에 다시 훈련원 봉사로 복직됐다가 함경북도 최전방에서 근무하게 되었어. 거기서 좋은 기회로 유인 작전을 펼쳐 우을기내라는 오랑캐 두목을 잡았지. 그런데 당시 함경북도 병마절도사였던 김우서 장군이 내가 명령을 받지도 않고 무단으로 군사를 끌고 나갔다고 장계를 올려서 아무런 포상도 받지 못했어. 포상을 받으려고 한 일은 아니지만 조금 씁쓸했지.

그해 11월에 아버지가 돌아가신 뒤 3년상을 치렀고, 마흔두 살이던 병술년(1586년)에 복직했어. 두만강 부근 조산보에 만호로 발령을 받았는데, 여기는 여진족 때문에 가장 골치 아픈 곳이었지. 다음 해인 정해년(1587년)에는 두만강 하류 쪽에 있는 녹둔도라는 섬의 둔전관도 겸했어. 둔전은 병사들이 먹을 곡식을 직접 농사짓는 땅이야. 중요한 곳인 만큼 수비를 강화해야겠다고 생각했지. 그래서 상관인 이일 장군에게 수비병을 늘려 달라고 여러 번 요청했지만 받아들여지지 않았어. 결국 가을에 여진족이 곡식을 노략질하러 왔고, 내가 보고를 받고 출동하는 사이에 힘없이 당할 수밖에 없었지. 급히 달려가 적들을 쳐부수고 포로가 된 병사를 구하긴 했지만 패전은 패전이었어. 일이 터지고 나니 이일 장군은 나에게 책임을 뒤집어씌우려고 했어. 나는 수비병을 요청한 공문들을 보이면서 말했지.

"이렇게 여러 차례 병력 증원을 요청했는데도 계속 무시해 왔으면서 패전이 모두 내 책임이라는 건 말도 안 되오. 더구나 적들을 물리치고 포로들을 구출해 왔는데, 어찌 패배한 장군이라고 처벌한단 말이오?"

하지만 나는 결국 백의종군이라는 처벌을 받았어. 이때 첫 번째 백의종군을 하게 된 거야. 다행히 그해 겨울, 대대적인 여진족 토벌 전투(시전부락 전투)에서 신립 장군과 함께 공을 세워 복직될 수 있었어.

그 뒤 조산보 만호의 임기를 마치고 고향집으로 돌아와 잠시 휴식을 취했어. 그때쯤 일본군의 움직임이 심상찮았기 때문에 조정에서는 능력 있는 무장들을 서열에 상관없이 추천하도록 했지. 잘못은 그냥 넘어가는 법이 없고, 할 말은 꼭 해야 하는 내 성격 때문에 상관들은 나를 눈엣가시로 여긴다고 생각했는데, 내가 두 번째로 추천을 많이 받았다는 이야기를 들었어. 같은 동네에서 자란 유성룡 대감이 적극적으로 나를 추천했다고 해. 내가 전라도 수군절도사가 되어 전라 좌수영에 부임하게 된 건, 유성룡 대감의 역할이 컸어. 그렇게 전라 좌수영에 가게 된 게 내 나이 마흔일곱인 신묘년(1591년) 2월이었어. 임진왜란이 일어나기 열네 달 전이지. 사실 이때 난 걱정이 많았어. 언제 전쟁이 일어날지 알 수 없는 상황에서 준비해야 할 일이 아주 많았으니까.

무엇보다 각 지역의 위치와 지형을 파악하는 일이 가장 시급했지. 이 일을 하면서 조선 수군의 힘을 키우기 위해 판옥선과 거북선을 정비하고 무기를 보충했어. 군사를 훈련시키는 일도 게을리하지 않았고. 내가 전라 좌수영의 수군절도사로 부임하고 임진왜란이 일어나기 전까지 주력선인 판옥선은 스물네 척, 돌격선인 거북선은 세 척을 만들었어. 그리고 거북선에서 총통을 쏘는 것도 시험해 봤어. 임진왜란이 일어나기 전에 시험해 볼 수 있어서 아주 다행이었지. 그 때문에 수많은 전투를 승리로 이끌 수 있었어.

임진왜란이 일어나기 전에 판옥선과 거북선을 어떻게 정비했는지, 내부 구조는 어떠한지는 '거북선 기록'에 자세히 적어 두었어. 그래야 내가 없어도 거북선을 제대로 만들 수 있을 테니까. 그리고 임진왜란이 일어나고 여러 해전에서 우리가 일본군에 어떻게 맞서 싸웠는지에 대한 자세한 내용은 '해전 기록'에 써 두었어. 나의 경험이 후대의 전

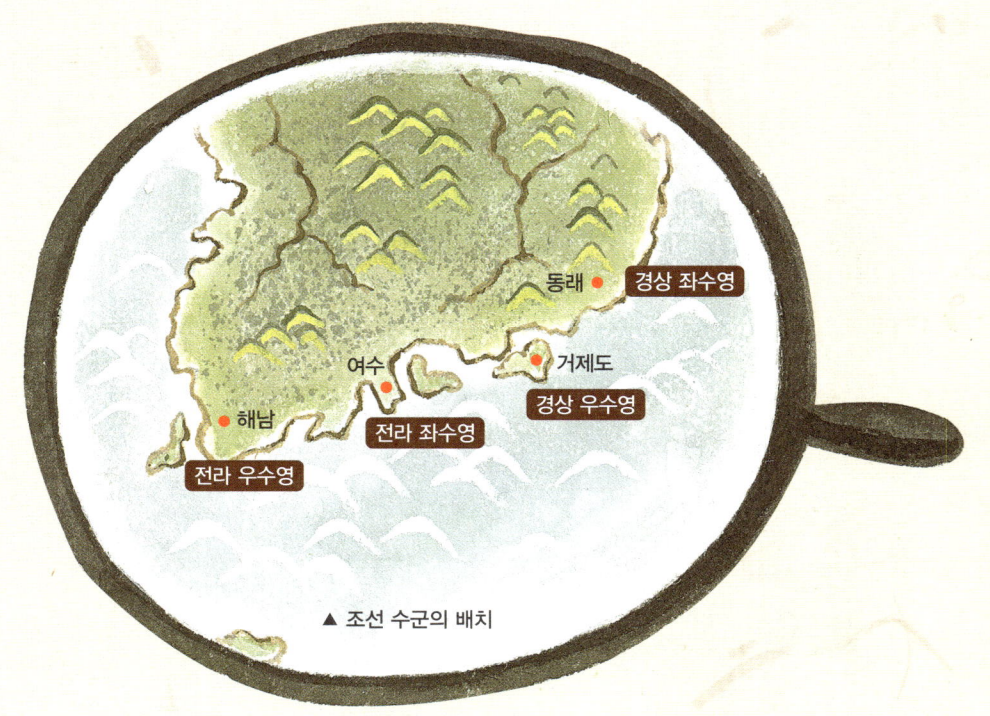

▲ 조선 수군의 배치

투에도 큰 힘이 되길 바라는 마음으로 말이야.

전투에서 승리할 수 있었던 이유를 가만히 생각해 보면, 어떤 경우에도 전체를 우선해야 한다는 내 소신 때문이었던 것 같아. 나는 개인이 공을 세우는 것보다 전체가 협력해 큰일을 해내는 게 더 중요하다고 생각해. 그래서 "모두가 최선을 다해 싸운다면 더 큰 공을 세우고 더 큰 상을 받을 것이다."라며 병사들을 격려했어. 내가 병사들을 엄격하게 대했던 것도 전체를 중요하게 생각했기 때문이야. 군기를 흩뜨리는 한두 사람의 행위는 전체를 무너뜨리기 쉬운 법이거든.

난 드러내 놓고 부하들을 칭찬하지는 않았지만, 그렇다고 칭찬에 인색했던 건 아니야. 조정에 전투 상황과 경과를 보고할 때는 부하들의 공을 자세히 적었어. 나의 공보다 그들의 공이 더 크다고 추켜세웠지. 처음에는 서운해하던 병사들도 나중에는 나의 뜻을 이해하고 나를 신뢰했어. 그리고 잘 따라 주었지. 병사들의 신뢰와 신임이 전쟁을 승리로 이끄는 데 큰 몫을 했다고 생각해. 그리고 지금 나는 그 멋진 승리를 다시 만들어 보려고 해.

거북선 기록

전투 준비

무기

군선

총통과 화살

완구와 비격진천뢰

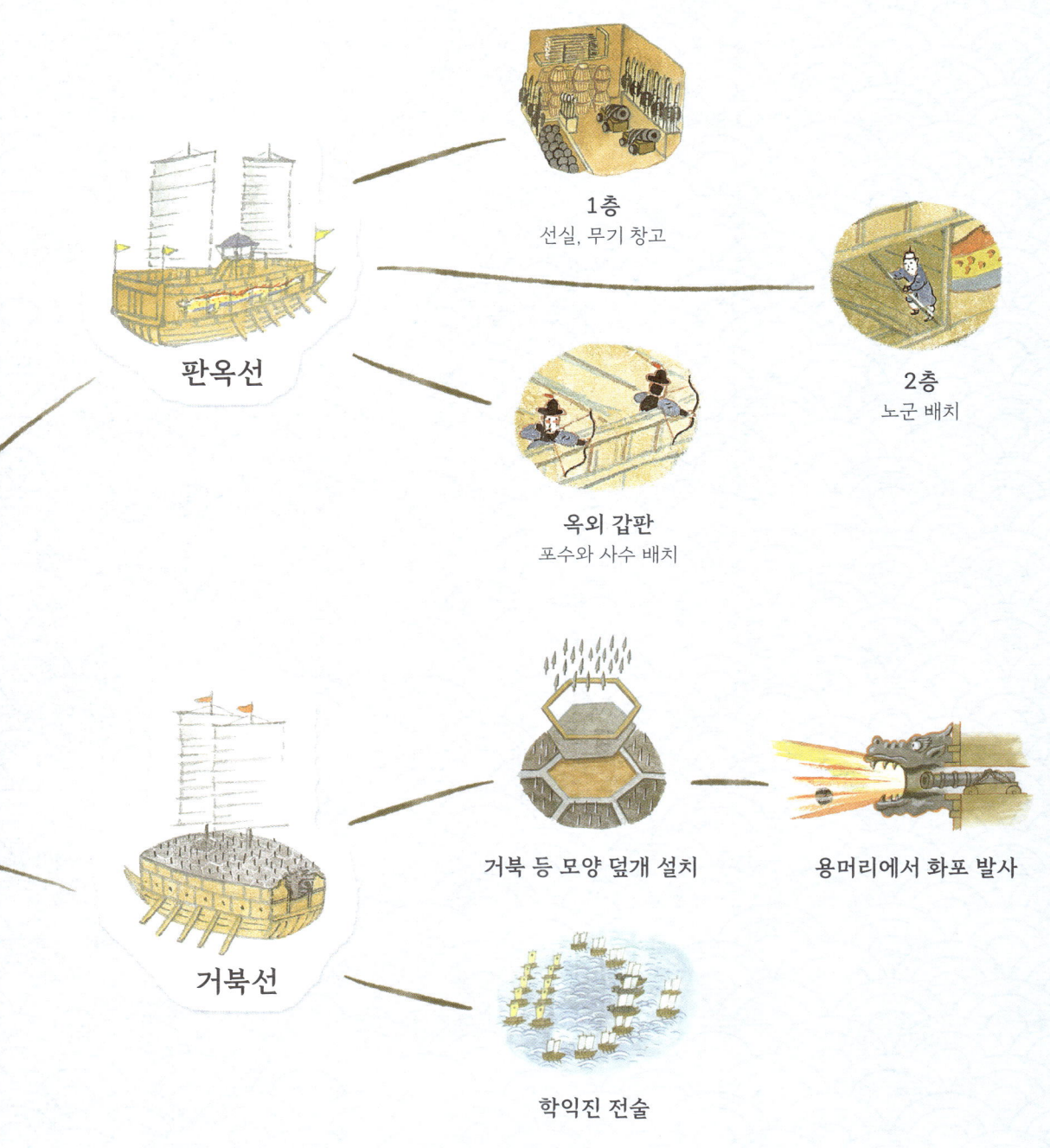

판옥선과 거북선의 제작 배경과 내부 모습, 실제 전투에서의 활용 방법을 정리했어. 강력한 무기인 총통과 화살, 완구와 비격진천뢰에 관한 내용도 빠짐없이 기록했어.

왜구에 대비해

조선이 배 만드는 기술을 발전시키고 해상 전투 훈련을 꾸준히 해 온 데에는 분명한 이유가 있었어. 바로 고려 때부터 큰 고민거리였던 왜구 때문이야.

왜구란 조선과 중국 해안가를 떠돌며 약탈을 일삼던 일본의 해적 무리야. 식량이나 재물, 문화재 등을 약탈해 갈 뿐 아니라, 아무 죄 없는 마을 사람들을 죽이거나 끌고 가기도 했지. 하루아침에 마을이 쑥대밭이 되는 일이 자주 일어나면서 백성들의 공포는 이루 말할 수 없었어. 왜구의 끊임없는 약탈이 고려 멸망의 원인 중 하나로 꼽힐 정도였으니, 피해의 심각성을 짐작할 수 있지.

기해년(1419년), 조선은 결국 왜구의 근거지였던 대마도를 정벌하며 단호하게 경고했어. 하지만 그 뒤에도 크고 작은 약탈은 계속되었지. 그러다 임진왜란이 일어나기 몇 년 전, 일본 장수 도요토미 히데요시가 해적 금지

▲ 왜구의 약탈

령을 내리면서 왜구의 출몰이 차츰 줄어들었어. 당시 사람들은 다행이라고 여겼지. 곧 더 큰 재앙이 닥칠 거라는 사실은 미처 알지 못한 채 말이야.

도요토미 히데요시는 혼란에 빠져 있던 일본을 통일하고, 임진왜란을 일으킨 장본인이야. 나라를 통일한 뒤에는 조선에 자꾸 통신사(조선 시대 때 일본에 보낸 공식 외교 사절) 파견을 요청했어. 겉으로는 우호적인 외교를 바라는 듯 보였지만, 속셈은 따로 있었지. 왕은 도요토미 히데요시의 진짜 마음을 알아내기 위해 황윤길과 김성일을 통신사로 보냈어.

신묘년(1591년), 통신사가 귀국했을 때 두 사람의 보고는 크게 엇갈렸어. 황윤길은 머지않아 전쟁이 일어날 거라고 보고했지만, 김성일은 실제로 일본이 전쟁을 일으킬 기미는 보이지 않는다고 보고했

거든. 결국 조정은 김성일의 의견을 더 귀담아들었어. 당시 왕과 신하들은 현실을 외면하고 싶었던 것 같아. 전쟁이 일어나지 않기를 바라는 마음이 판단을 흐리게 한 거겠지.

하지만 그렇다고 해서 조선이 아무런 대비를 하지 않은 건 아니야. 왜냐하면 도요토미 히데요시가 통신사 편에 보낸 답서에는 '명나라를 치러 가는 길을 빌려 달라'는 말이 있었거든. 조선을 침략할 수도 있다는 위협을 은근히 내비친 거지. 그래서 조정도 가만히 있지 않고 서둘러 대비책을 준비하기 시작했어.

내가 전라 좌수영의 수군절도사로 부임하게 된 것도 바로 이 무렵이야. 사실 나는 그전부터 일본의 움직임이 심상치 않다고 느끼고 있었어. 그래서 부임하자마자 수군을 정비하고 전선을 보강하는 데 온 힘을 기울였고, 판옥선과 거북선도 정비했어.

▲ 부산진 순절도
1592년 부산진에서 벌어진 일본군과의 전투

그리고 불과 1년이 안 된 임진년(1592년)의 어느 날, 그 두려움이 현실로 다가왔어. 일본의 대군이 조선을 침략해 왔고, 임진왜란이 시작된 거야.

일본이 임진왜란을 일으킨 이유

도요토미 히데요시가 통신사 편에 보낸 답서에는 '명나라를 치러 가는 길을 빌려 달라(征明假道, 정명가도)'고 적혀 있었어요. 이를 통해 일본이 임진왜란을 일으킨 이유를 짐작할 수 있어요. 그런데 이 이유 말고도 일본 내부에 다른 이유가 있었다는 주장도 있어요.

첫째, 도요토미 히데요시가 주군인 오다 노부나가의 대륙 진출 계획을 이어받아, 자신의 정치적·군사적 지위를 높이려 했다는 주장이에요. 도요토미 히데요시가 일본 전국을 통일한 이후 그 계획을 실현시켜 동남아시아 지역에서 국제적인 위상을 확보하려 했다는 것이지요.

▲ 도요토미 히데요시

둘째, 당시 지방 영주(다이묘)들이 가지고 있던 막강한 군사력과 불만을 외부로 돌려 국내 정세를 안정시키고, 자신의 권력을 더욱 굳히기 위해서였다는 주장이에요.

셋째, 통일을 도운 무장 세력과 영주들에게 나누어 줄 토지가 부족해지자, 이를 확보하기 위해 조선 침략을 계획했다는 주장이에요.

이외에도 학자들마다 일본이 임진왜란을 일으킨 이유를 다양하게 분석하고 있으며, 이런 여러 요인을 바탕으로 도요토미 히데요시가 전쟁을 일으켰다고 할 수 있어요.

조선의 군선

맹선

조선은 판옥선이 개발되기 전까지 전투에서 '맹선'을 주로 이용했어. 맹선은 곡식을 수송하던 배인 조운선을 개조해 만든 것이어서 속도를 내기 힘들고 튼튼하지도 않았지. 게다가 시간이 흐를수록 왜구들이 배를 크게 만들고, 화포로 무장하면서 더 이상 맹선만으로는 왜구를 상대하기 어려워졌어.

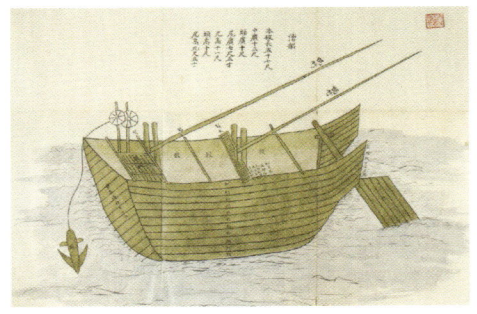

▲ 《각선도본》에 수록된 조운선

판옥선

맹선의 단점을 보완한 배가 바로 '판옥선'이야. 판옥선은 을묘년(1555년)에 정걸 장군이 만들었어. 정걸 장군은 임진왜란이 일어나기 전, 판옥선을 보완하고 개조해 거북선을 만들 때도 도움을 주었지. 판옥선은 전투용 배여서 전쟁에서 주력 군선으로 활용하기 좋았어.

판옥선은 2층 구조에 옥외 갑판으로 되어 있어. 1층에는 병사들이 쉬는 선실과 무기 창고가 있어. 2층 바깥쪽에는 방패판을 설치해서 적의 공격을 막고, 노군들이 노를 젓는 임무에만 집중할 수 있도록 했어. 옥외 갑판은 전투 군사들이 있는 곳으로, 군사들이 적을 내려다보며 공격할 수 있지. 이렇게 노군과 전투 군사를 나누어 배치해서 효율적으로 전투하도록 했어.

일본의 주요 전술은 무기를 가지고 상대편 배로 넘어가 몸으로 맞붙는 '백병전'이었어. 반면 우리는 화포를 쏘아 적의 배를 불태우는 전술을 썼지. 판옥선은 선체가 높아서 일본군이 올라타기 어려웠지만, 대신 우리는 화포를 쏘기 좋았어.

▲ 《각선도본》에 수록된 판옥선

맹선의 구조

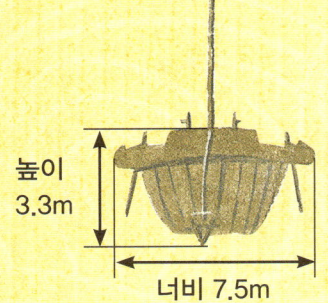
높이 3.3m
너비 7.5m

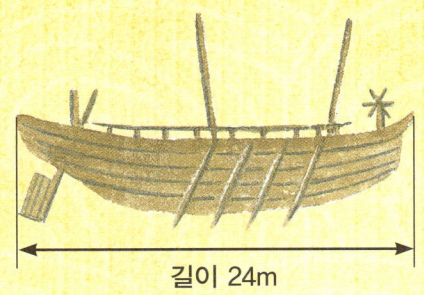
길이 24m

방향키
방향을 조정하는 장치야.

선실

갑판
나무를 깐 평평한 바닥으로,
이곳에서 노를 젓거나 화포를 쏘지.

노
물을 헤쳐 배를
나아가게 하는 기구야.

판옥선의 구조

선체
소나무로 만들어져서 잘 휘어지지 않아.
이런 특성 때문에 배의 모양은
다소 투박하지만, 그만큼 단단해서
쉽게 부서지지 않지.

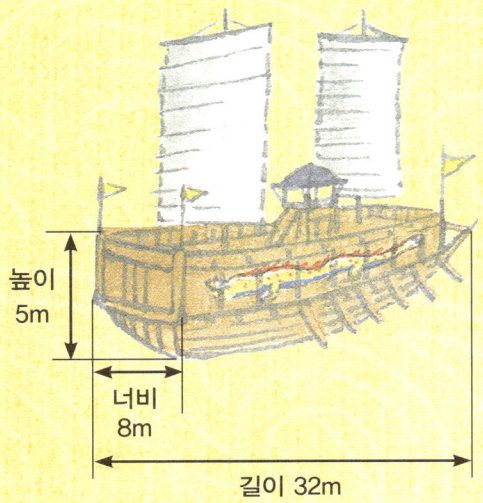

높이 5m
너비 8m
길이 32m

2층
노군이 적에게 노출되지 않은
상태에서 노를 저을 수 있어.

1층
병사들이 쉴 수 있는 선실과
무기를 보관하는 창고가 있어.

닻

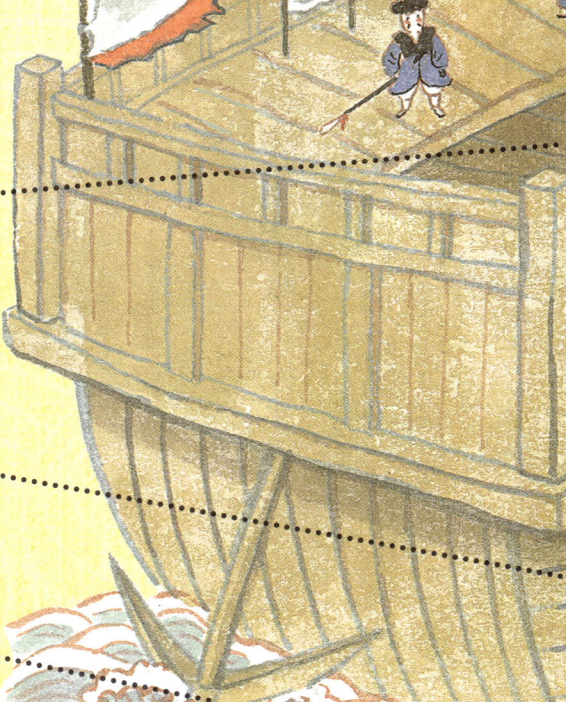

일본의 군선

세키부네와 아타케부네

　임진왜란 초기 일본의 주력 군선은 관선이라고도 불리는 '세키부네'였어. 세키부네는 조선의 맹선과 크기가 비슷했고, 판옥선보다는 확실히 작은 편이었지. 세키부네는 전투에 적합하도록 2층으로 만들어지기는 했지만, 높이가 판옥선보다 낮았기 때문에 우리 수군과 맞서 싸울 때 불리할 수밖에 없었어. 특히 판옥선은 높은 갑판 위에서 적에게 화살과 총통을 쏠 수 있었던 반면, 세키부네는 구조상 그렇게 대응하기 어려웠거든. 이런 이유로 일본은 임진왜란을 겪으면서 점차 세키부네 대신 크기가 훨씬 큰 안택선, 즉 '아타케부네'를 적극적으로 투입하게 되었지.

아타케부네라는 이름은 갑판 위에 나무로 만든 누각을 세운 데서 유래했어. 갑판의 누각은 지휘관이 군사들에게 작전을 지시하는 지휘소 역할을 했지. 아타케부네의 전체 길이는 약 30미터로, 크기 면에서는 판옥선과 거의 비슷했어. 구조는 2층이었는데, 아래층에는 노를 젓는 군사들이 타고, 위층에는 조총이나 대포를 다루는 전투 군사가 배치되었어.

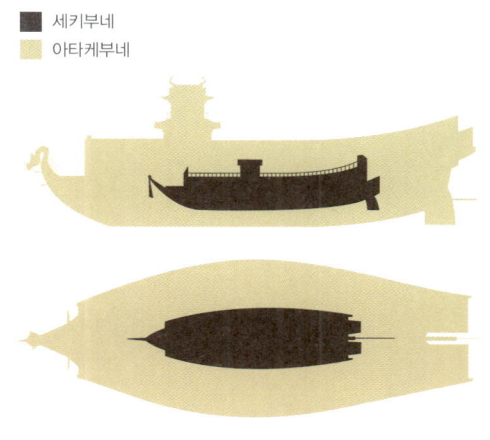

▲ 세키부네와 아타케부네의 크기 비교

세키부네와 아타케부네의 주재료는 모두 삼나무였어. 당시 일본에서는 건물을 짓거나 배를 만들 때 삼나무가 널리 쓰였거든. 삼나무는 소나무에 비해 훨씬 다루기 쉬운 목재였고, 무게도 가벼웠어. 그래서 삼나무로 만든 배는 빠른 속도를 내며 항해할 수 있다는 장점이 있었지. 하지만 단점도 분명했어. 삼나무는 단단한 소나무와 달리 충격에 약했기 때문에 배가 충돌하거나 포탄을 맞으면 쉽게 부서지고 파손되는 경우가 많았어. 빠른 속도로 기동성 있게 움직일 수 있는 대신 내구성이 약했던 거야.

세키부네와 아타케부네의 구조

아타케부네

누각
지휘관이 수군들에게 작전을 내리는 곳이야.

대포 발사용 출구

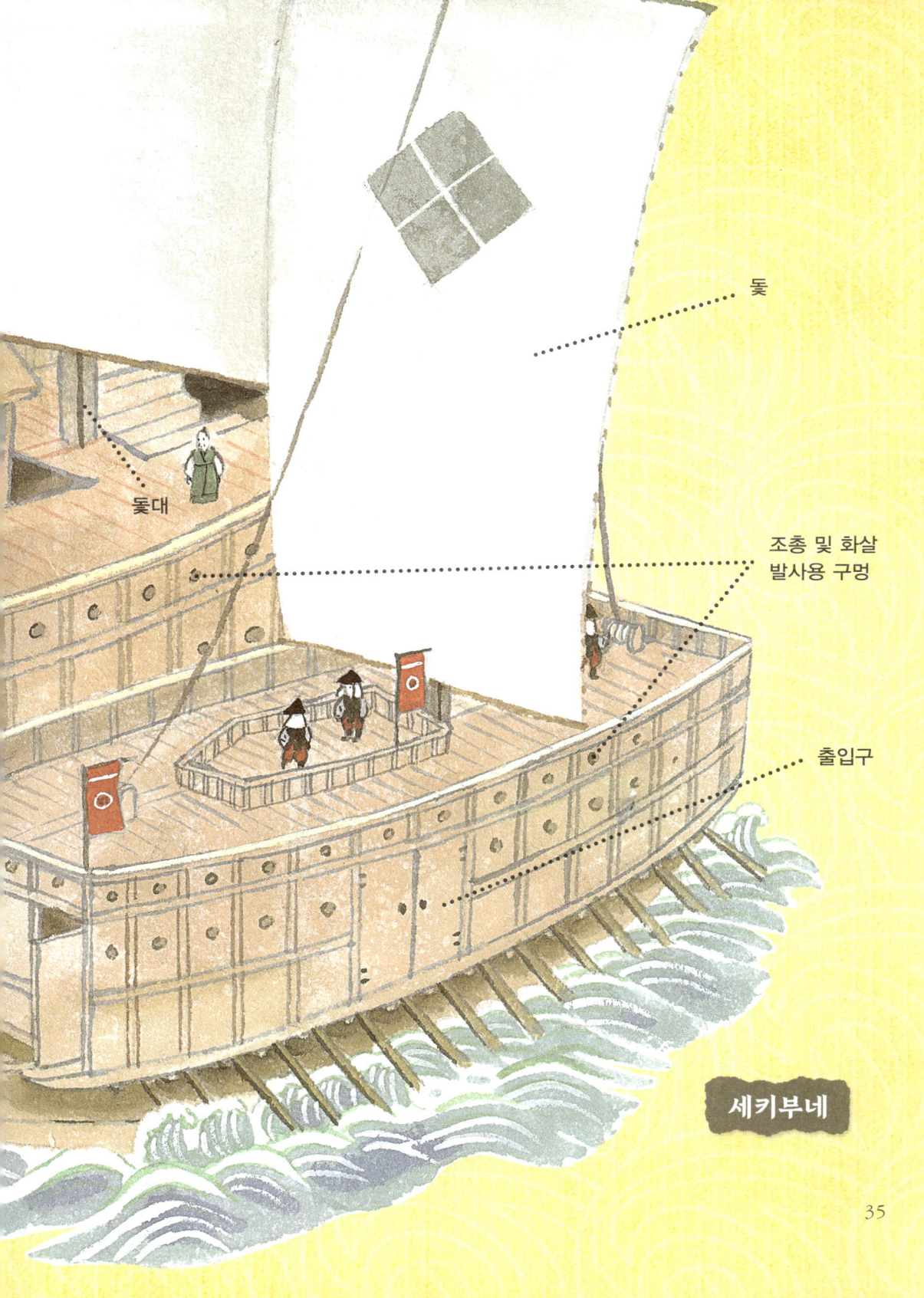

조선의 판옥선과 일본의 세키부네

판옥선은 배 바닥이 U 자 모양이야. 이렇게 밑바닥이 평평한 배를 '평저선'이라고 해. 바닥이 평평하면 속도가 느리긴 하지만 안정감이 있고, 방향을 바꾸기 쉬워. 또한 수심이 얕고 섬과 암초가 많은 바다에서 움직이기도 유리하지.

세키부네와 아타케부네는 배 바닥이 V 자 모양으로 날카롭게 생겼어. 이런 배를 '첨저선'이라고 하는데, 물의 저항을 적게 받아 빠른 속력을 낼 수 있다는 장점이 있어. 하지만 배가 물에 잠기는 부분이 많아서 방향을 바꾸기 어렵다는 단점이 있지.

▲ 판옥선(왼쪽)과 세키부네(오른쪽)

15~16세기 유럽의 전함

우리나라에서 임진왜란이 일어났던 시기에 세계 여러 나라들도 바다를 지배하기 위한 치열한 경쟁을 벌였어요. 특히 유럽 서쪽 끝의 포르투갈과 에스파냐는 그동안 쌓은 경제력을 바탕으로 바다 건너 다른 대륙으로 진출하려 했지요. 처음에는 먼 바다를 항해하기 위한 목적으로 배를 만들었지만, 점차 대포를 장착하는 등 포격전에 유리하도록 개조했어요.

카라벨(Caravel)
먼 바다로 나가 고기잡이를 하던 범선(돛을 달아 바람의 힘으로 움직이는 배)이었어요. 속도가 빨라 서아프리카를 개척하는 데 이용했지요. 하지만 원래 고기잡이배였기 때문에 견고하지 않았고, 사람을 많이 태울 수 없어 점차 이용되지 않았어요.

카락(Carrack)
카라벨의 단점을 보완해 설계된 범선으로, 주 돛대만 세 개가 넘었어요. 신대륙을 발견한 크리스토퍼 콜럼버스의 배, 산타 마리아호도 선박 분류상 카락에 속해요. 16세기 초에는 배에 대포를 달아서 포탄을 발사하기도 했어요.

갤리언(Galleon)
16세기 후반부터 18세기 초중반까지 이용된 갤리언은 카락에 비해 폭이 좁고 길이가 긴 범선이에요. 속도가 빠르면서도 안정적이다 보니 유럽의 여러 나라가 갤리언을 군함이나 화물선으로 이용했어요.

거북선의 구조와 활용

　판옥선은 일본군을 상대하기에 알맞게 만들어진 배였지만, 선체가 크다 보니 속도가 느리다는 치명적인 단점이 있었어. 그래서 조총으로 무장한 일본군의 접근을 막지 못하면, 우리 수군은 속수무책으로 당할 수밖에 없었지. 일본군은 백병전에 강했거든.

　일본군이 작전을 펼치기 전에 그들의 지휘선을 공격할 돌격선이 필요했어. 나는 그 역할에 거북선을 활용해야겠다고 생각했지. 그러려면 원래 있던 거북선을 개조해 보완해야 했어. 이제부터 거북선의 구조와 공격력, 그리고 전술에서 어떻게 활용했는지 등을 기록하려고 해.

거북선의 구조

귀선(龜船)이라고도 불린 거북선은 판옥선의 갑판에 거북 등 모양의 덮개를 씌운 배야. 평상시에 이동할 때는 돛을 편 상태로 노를 저어 움직이다가 적이 가까이 보이면 돛을 접고 노를 저었어. 돛을 접는 이유는 일본군이 쏜 불탄환이나 불화살이 돛에 떨어져 불이 배로 옮겨붙을 것을 염려해서였지.

덮개에는 송곳과 침을 꽂아 일본군이 건너오지 못하도록 만들었어. 혹 일본군이 거북선에 올라타더라도 뾰족한 송곳 때문에 더 이상 움직이거나 침투할 수 없었지. 또 용머리와 배의 뒷부분, 양옆에서는 화포를 발사할 수 있었어. 그러니까 거북선은 화포로 사방 어디에서나 적을 공격할 수 있는 위력적인 돌격선이었던 거야.

거북선은 철갑선이었을까?

거북선의 외부 구조를 이야기할 때 자주 논의되는 문제가 바로 거북선이 철갑선이었는가 하는 점이에요. 몇몇 문서에 거북선이 철갑선이었다는 기록이 남아 있긴 하지만, 사실 배의 지붕 전체가 철갑이면 무게 때문에 배가 바닷속에 잠기게 돼요. 그래서 일부 학자들은 지붕 가운데에만 철갑을 둘렀거나, 나무판 위에 얇은 철판을 얹었을 거라고 예상하고 있어요.

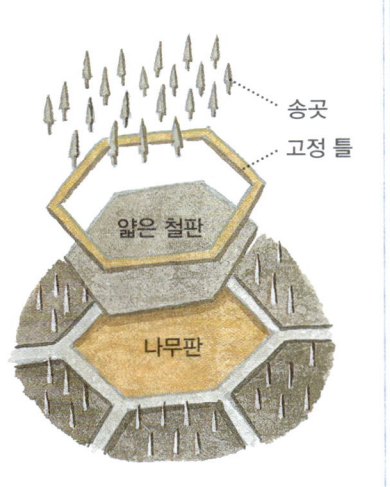

외부 구조

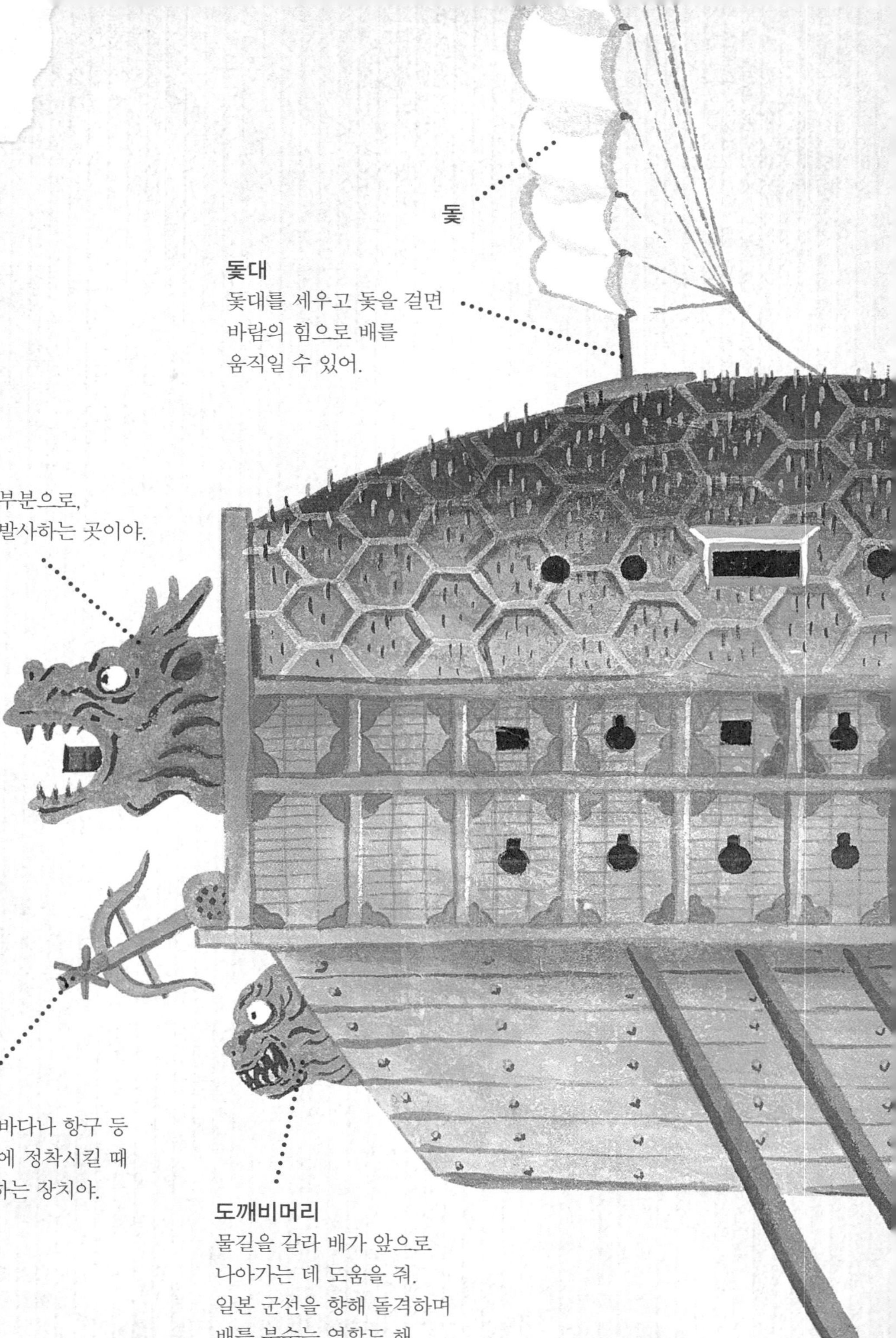

돛

돛대
돛대를 세우고 돛을 걸면 바람의 힘으로 배를 움직일 수 있어.

용머리
배의 앞부분으로, 화포를 발사하는 곳이야.

닻
배를 바다나 항구 등 한 곳에 정착시킬 때 고정하는 장치야.

도깨비머리
물길을 갈라 배가 앞으로 나아가는 데 도움을 줘. 일본 군선을 향해 돌격하며 배를 부수는 역할도 해.

덮개
침이나 송곳을 꽂아
적이 올라타는 걸 막을 수 있어.

노
물을 헤쳐 배를
나아가게 하는 기구야.

내부 구조

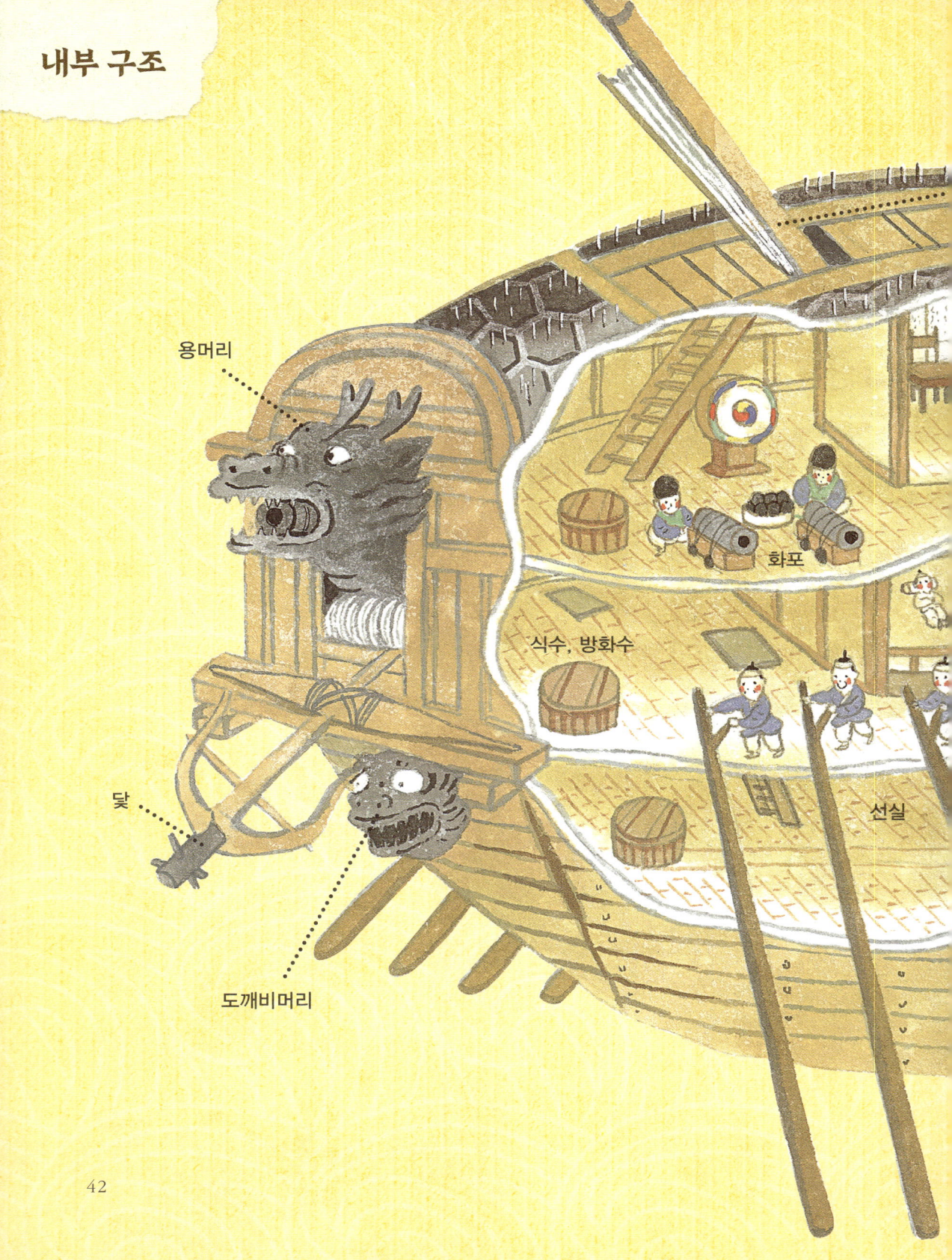

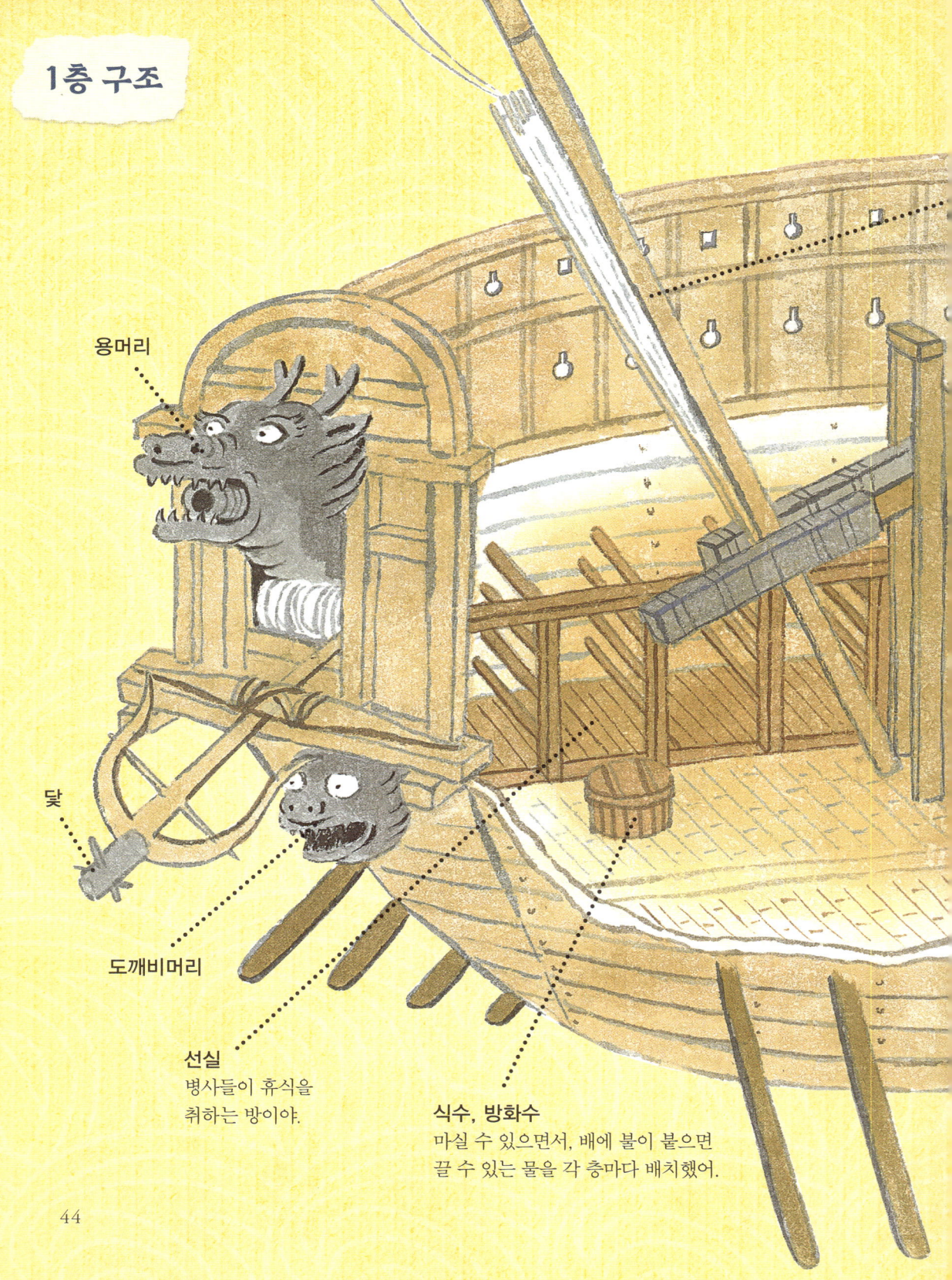

돛대

무기 창고
배의 무게 중심과 복원력(배가 원래의 평형 상태로 되돌아가는 힘)을 고려해서 1층에는 대포, 활, 화살 등과 같은 무거운 짐을 쌓아 두었어.

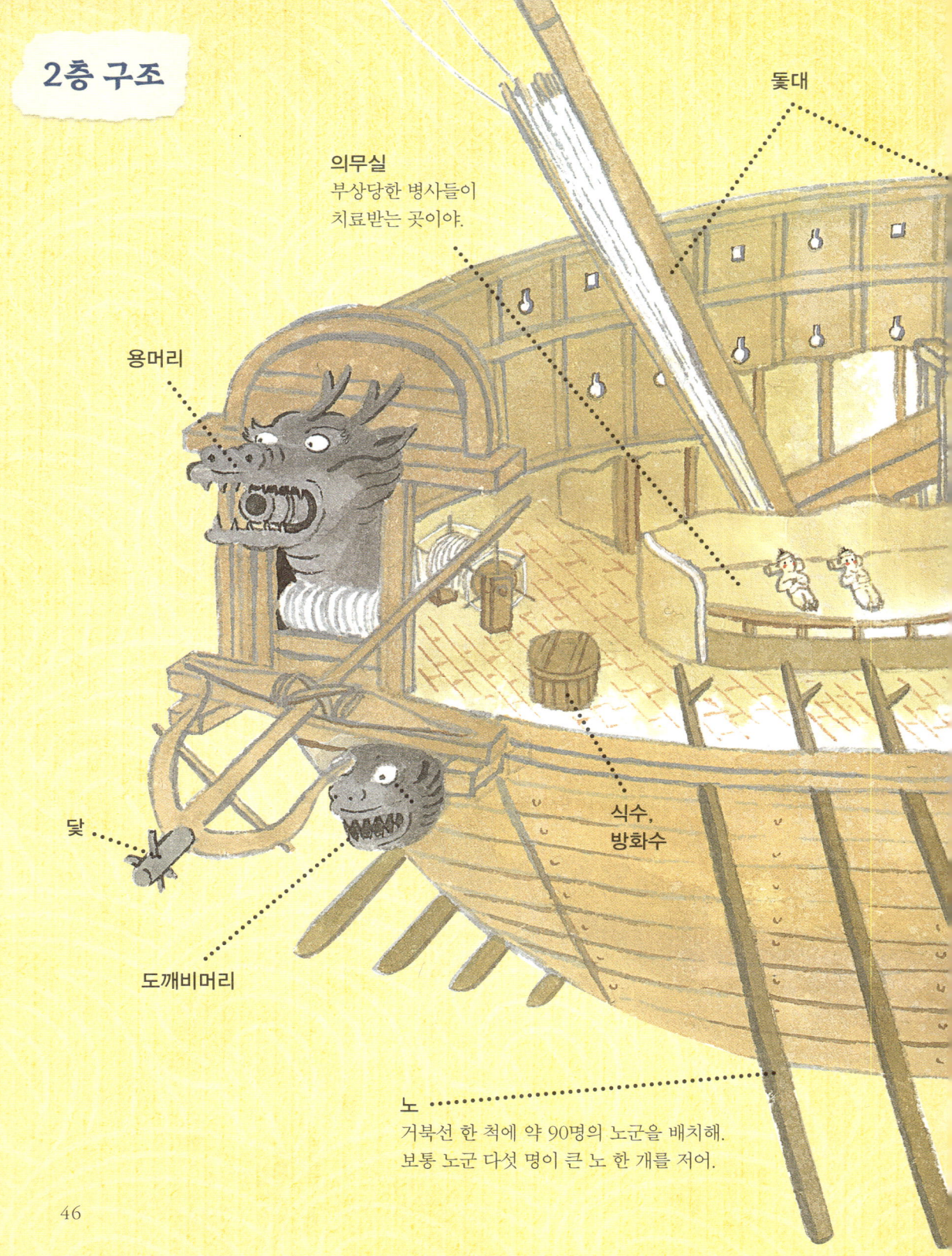

돛대

화포
화약이나 탄환을 쏘는 무기야.
화포는 사방에 배치되어 있지.

거북선은 몇 층 구조였을까?

거북선의 내부 구조는 오늘날까지도 정확하게 밝혀지지 않았어요. 남아 있는 사료가 많지 않기 때문에 거북선이 2층 구조였는지, 3층 구조였는지, 혹은 다른 형태였는지를 두고 논쟁이 끊이지 않고 있지요. 학자들 사이에서는 《이충무공전서》의 기록에 근거해 2층 구조였다고 보는 견해와 거북선의 역할과 기능을 고려할 때 3층 구조가 더 타당하다는 견해가 맞서고 있어요.

만약 거북선이 2층 구조였다면, 노를 젓는 노군과 화포를 다루는 포병이 한 공간에 섞여 매우 혼란스러웠을 거예요. 또한 용머리에서 화포를 쏘는 데도 제약이 있었을 거고요. 그래서 최근에는 거북선이 3층 구조였을 거라는 주장에 무게를 두는 학자들이 더 많아지고 있어요.

거북선의 활용

거북선은 돌격선으로, 일본의 진영을 누비며 적의 대열을 무너뜨리는 것이 주된 임무야. 거북선은 모습 자체가 매우 위협적이라 다가가는 것만으로도 일본군은 두려움에 떨었지.

거북선은 전후좌우로 빠르게 움직이면서 화포도 쏠 수 있어. 제자리에서 회전도 가능하지. 또한 일본군의 특기인 백병전이 통하지 않기 때문에 우리 수군은 거북선을 이용해 다양한 전술을 폈어.

예를 들면 거북선이 돌격해 일본 지휘관을 공격하는 전술을 펼 수 있지. 또 위급한 상황일 때 '당파'라고 하는 박치기 전술을 써서 배를 부순다거나, 구멍을 낼 수 있어. 거북선이 일본 배에 비해 단단하고 견고하기 때문에 가능한 전술이야.

한산도 해전 때는 거북선을 이용해 '학익진' 전술을 펴서 일본군

▲ 학익진 전술

을 크게 무찔렀어. 학익진은 '학이 날개를 편 듯이 치는 진'이라는 뜻이야. 원래는 육군에서 사용하는 전술인데, 수군에 활용해 보았지. 옆으로 길게 죽 늘어서 있다가 적이 공격해 오면 중앙의 배는 뒤로 천천히 물러나고, 양옆의 배는 앞으로 나아가 반원 형태로 적을 포위해 공격하는 전술이야. 세 척의 거북선을 가운데 배치하고 양옆에 일렬로 판옥선을 배치해 일본 배를 학익진 안에 가두어 공격을 퍼부었지. 빠르고 돌격에도 강한 거북선이 있었기에 학익진처럼 다양한 전술을 구상하고 펼 수 있었어.

수군 신호 체계

학익진 같은 전술을 펼 때 무엇보다 중요한 것은 빠르고 정확하게 명령을 전달하는 거예요. 당시 우리나라는 육지에서는 징과 나팔, 깃발 등을 써서 장군의 명령을 군사들에게 전달했고, 바다에서는 깃발과 함께 연을 날려 명령을 전달했어요.

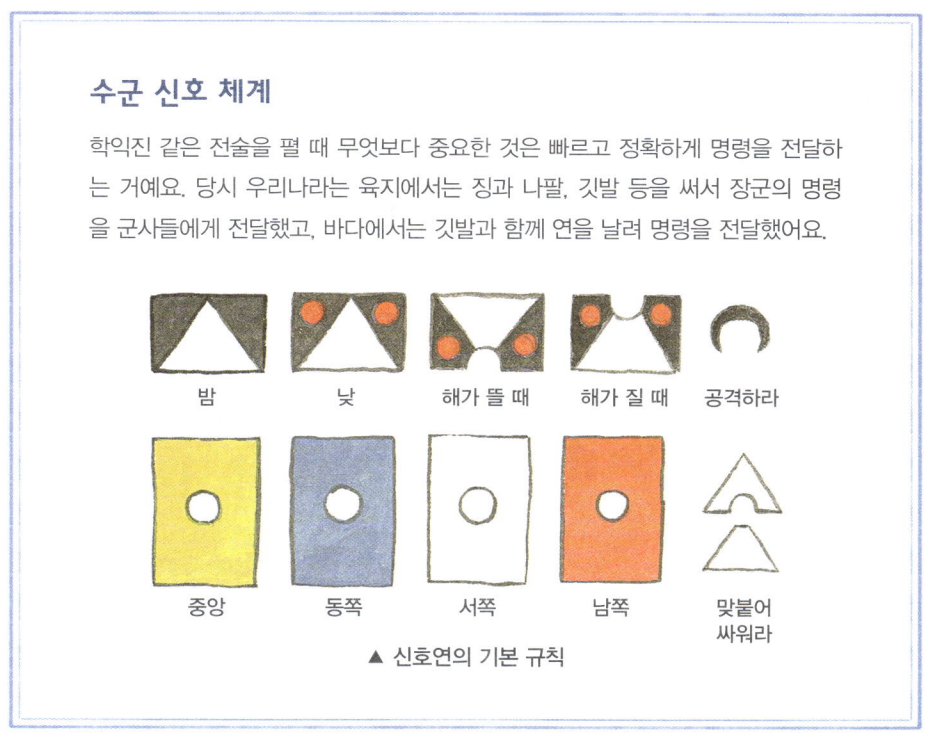

▲ 신호연의 기본 규칙

주력 무기

　우리 수군이 사용한 무기는 고려의 전통을 이어 발전했어. 고려 시대에 최무선이 화약 제조법을 연구했고, '화통도감'이라는 관청이 생기면서 각종 화약 무기를 개발했지. 그때부터 화약 무기는 크게 발전했어.
　우리 수군의 주력 무기를 소개하기 전에 일본의 주력 무기를 먼저 소개할게. 전쟁 때는 한 치 앞도 알 수 없기 때문에 미리 적에 대한 모든 것을 꼼꼼하게 알아 두는 게 좋아. 그래야 급격하게 변하는 상황에 대처하기 쉽고, 작전을 세우기도 좋으니까. 조선과 일본은 주력 군선도 달랐지만, 주력 무기도 확연히 달랐어.

일본의 주력 무기

임진왜란 당시 일본의 주력 무기는 조총이었어. 임진왜란이 일어나기 50여 년 전인 계해년(1543년)에 명나라와 무역하던 포르투갈 배 한 척이 일본 해안에 표류하게 됐고, 그때 영주들은 포르투갈 상인들에게서 비싼 가격에 조총을 샀지. 그리고 조총을 분해해 똑같이 만들었어. 이때부터 조총은 일본의 신무기로 사용됐지.

조총은 누구나 사용 방법을 익히기 쉽고, 가까운 거리에서 전투가 일어날 경우 활보다 훨씬 파괴력이 크다는 장점이 있어. 하지만 발사 속도가 느리다는 게 약점이야. 조총은 한 발 쏘고 다시 쏘는 데까지 약 20초가 걸리는데, 숙련된 궁수는 같은 시간 동안 화살을 일곱 발 정도 쏠 수 있거든. 그래서 일본군은 이러한 약점을 보완하려고 조총 부대를 3열로 배열해 교대로 사격하도록 했어.

조총은 같은 거리에서 칼이나 화살에 비해 큰 피해를 입힐 수 있기 때문에 육지 전투에서는 우리 군이 밀릴 수밖에 없었어. 하지만 바다에서는 상황이 달랐지. 우리 수군의 대형 화약 무기가 조총보다 더 큰 위력을 발휘했거든.

▲ 조총

조선의 주력 무기

우리의 주력 무기는 총통이야. 총통은 쇠로 만든 커다란 원통 모양의 통으로, 화약의 폭발력을 이용해 화살이나 탄환을 발사하는 무기야. 발사체인 총통은 크기, 사정거리 등에 따라 천자총통, 지자총통, 현자총통, 황자총통 등으로 나뉘어. 천자문 순서에 따라 이름 지은 거야. 이 총통에 대장군전, 장군전, 차대전 같은 대형 화살을 꽂아 적을 향해 발사하면 돼.

거북선의 뱃머리에 위엄 넘치는 용머리가 있었던 거 기억하지? 임진왜란 당시 용머리의 입 부분에 화포를 설치해서 일본 배를 직접 공격했어. 용머리와 화포는 적에게 심리적인 압박을 주는 동시에 실질적인 화력을 발휘하는 무기였지.

▲ 용머리와 화포

총통

천자총통

지자총통

현자총통

황자총통

화살

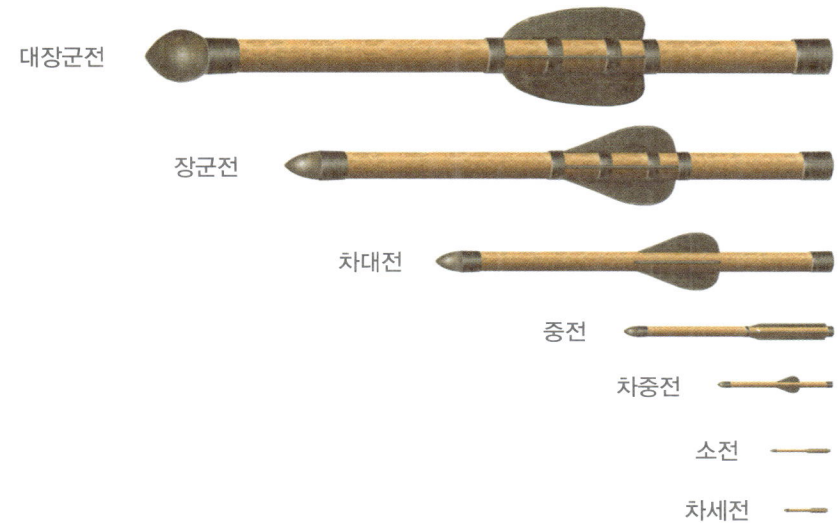

대장군전

장군전

차대전

중전

차중전

소전

차세전

▲ 조선의 주력 무기

대장군전을 장착한 천자총통

천자총통은 조선 수군이 갖고 있는 총통 중에서 크기가 가장 커. 무게만 해도 약 420킬로그램 정도야. 이 천자총통에 크고 긴 화살인 대장군전을 꽂아 발사하는데, 대장군전은 병사 세 명이 같이 들고 옮겨야 할 정도로 무거워. 그 무게 때문에 발사했을 때 적군의 배에 치명상을 입힐 수 있어. 대장군전이 배에 부딪히면 배에 구멍이 나는데, 그 구멍으로 물이 솟아올라 배가 침몰해.

천자총통에 꽂은 대장군전은 약 1킬로미터 정도를 날아갈 수 있어. 판옥선 한 척에 16~20개의 총통을 설치한 뒤, 일본 배가 화포의 사정거리 안으로 들어오면 쉬지 않고 쏘았지. 얼마나 큰 위력을 발휘했는지 짐작이 가지?

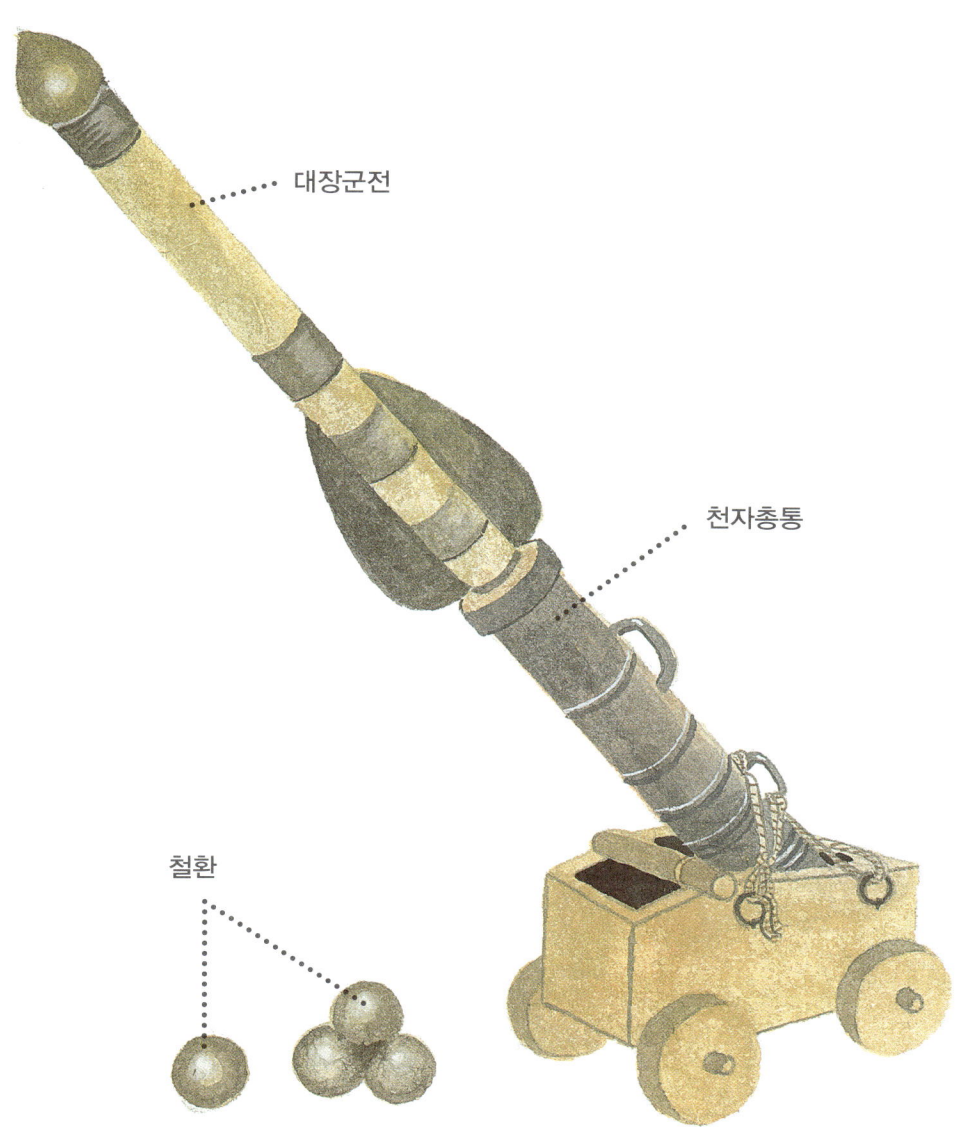

비격진천뢰를 장착한 완구

▲ 사조구

조선 수군에게는 완구라는 총통도 있어. 완구는 전체 길이가 짧고, 입구가 둥글고 큰 화포야. 여기에 폭탄인 비격진천뢰나 둥근 돌덩이인 단석을 넣고 쏘는 거지. 비격진천뢰는 낙하하자마자 바로 폭발하는 것이 아니라 일정 시간이 지나고 나서 폭발하는데, 일본군은 이런 특징을 몰랐어. 그래서 배에 떨어진 포탄을 무심코 만져 보던 중에 갑자기 포탄이 터지면서 큰 피해를 입기도 했지. 이렇게 총통과 화포로 배를 부수면 일본군은 두려움에 도망치려고 하는데, 이때 네 개의 쇠갈고리가 달린 사조구를 던져서 배가 도망가지 못하게 잡아당긴 다음 총공격하는 거야.

▲ 완구에 비격진천뢰를 장착한 모습

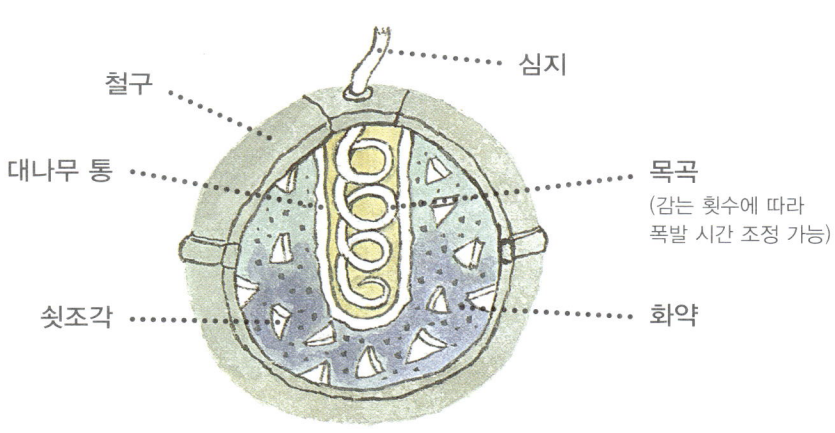

▲ 비격진천뢰의 단면

이처럼 조선과 일본은 주력 군선과 주력 무기에서 뚜렷한 차이가 있었어. 비교해 보면 우리 수군이 일본군을 꼼짝 못 하게 할 수 있었던 이유가 분명해지지?

병력 수와 함대 규모에서는 비록 우리가 열세였지만, 우리 수군은 훌륭한 전술과 무기로 극복할 수 있었어. 우리 함선은 일본 함선보다 크기가 클 뿐 아니라 견고했고, 선체도 높아서 적의 접근을 막는 데 유리했지. 여기에 먼 거리에서도 강력한 공격을 할 수 있는 화약 무기의 발전도 한몫했고. 이러한 전술·기술적 장점들이 모여 여러 해전에서 놀라운 승리를 만들어 낸 거야. 우리 수군은 거의 피해를 입지 않으면서 일본 함선을 대거 격침시키고, 수많은 군사를 전사시킬 수 있었지.

구체적인 전쟁 과정과 상세한 내용은 '해전 기록'에 자세히 남겨 두었어. 해전에 관한 기록뿐 아니라, 당시 조선 수군이 어떤 전략을 세웠는지, 다양한 무기를 활용하여 어떻게 열세를 극복했는지를 보여 주는 자료가 될 거야.

임진왜란 이후 거북선의 변화

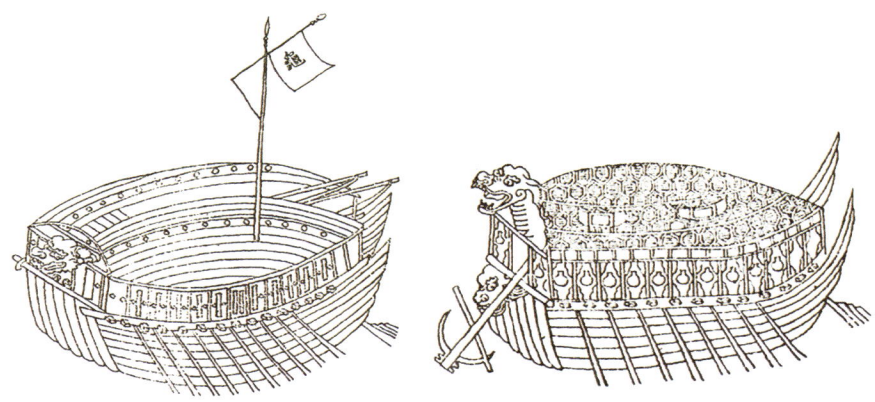

▲ 1795년 편찬된 《이충무공전서》의 통제영 거북선(왼쪽)과 전라 좌수영 거북선(오른쪽)

거북선은 전쟁이 끝난 뒤에도 약 200년 동안 꾸준히 제작되었어요. 다만 그 수나 모양, 크기 등은 시대와 지역에 따라 조금씩 달랐지요. 당시에는 단 3척뿐이었지만, 영조 때인 1745년에는 14척, 순조 때인 1808년에는 30척까지 늘어났어요. 이러한 변화를 통해 거북선이 임진왜란의 상징에 그친 것이 아니라, 이후에도 꾸준히 활용된 조선 수군의 실질적이고 핵심적인 전투선이었다는 사실을 확인할 수 있어요.

1795년에 편찬된 《이충무공전서》의 '귀선도설'에는 통제영 거북선과 전라 좌수영 거북선 그림이 실려 있는데, 두 그림을 나란히 놓고 보면 모양이 서로 달라요. 또 이순신 종가에서 소장하고 있는 자료 속 거북선 역시 또 다른 형태로 그려져 있고요. 이런 점들을 종합해 보면 거북선이 시대와 지역에 따라 조금씩 개량되며 발전해 왔음을 짐작할 수 있답니다.

해전 기록

임진왜란
(1592~1593년)

옥포 해전
조선 수군의 첫 승리

당포 해전
대장선을 집중 공격하는 전략

부산포 해전
일본 군선 백여 척 침몰

사천 해전
거북선 첫 투입

한산도 해전
학익진 전술로 대승

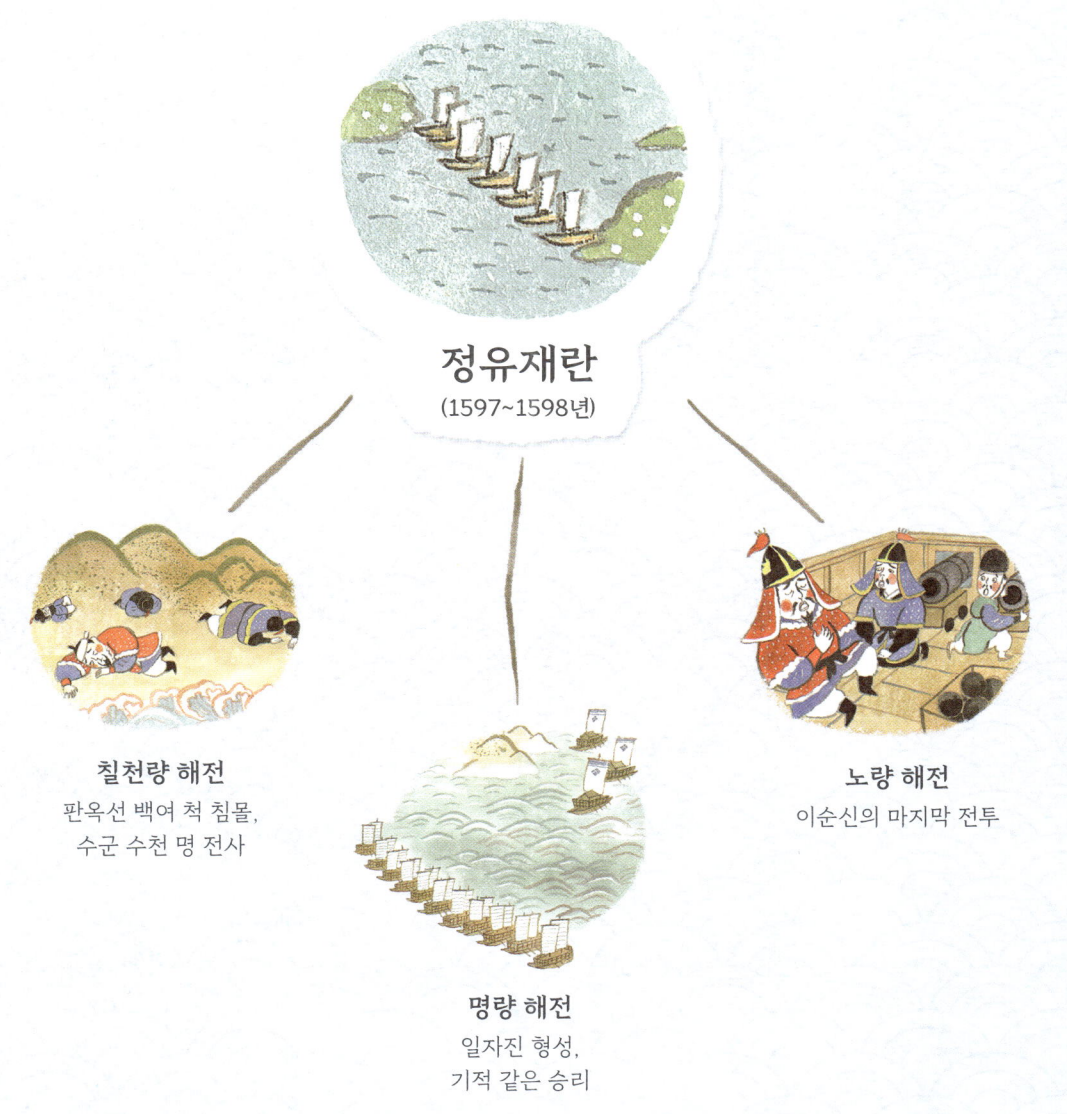

임진왜란과 정유재란의 주요 해전에 관한 기록이야. 각 해전에서 판옥선과 거북선을 어떻게 전략적으로 활용했는지, 어떤 전략으로 왜군에 맞서 싸웠는지를 상세히 기록했어.

임진왜란(1592~1593년)

　임진왜란과 정유재란이 일어난 기간 동안 바다에서는 크고 작은 해전이 쉰 번 정도 일어났어. 그중 내가 참전해서 일본군과 맞서 싸운 전투는 총 마흔세 번이야. 각 전투의 상황과 결과는 내가 직접 쓴 일기와 당시 조정에 올린 장계에 빠짐없이 기록해 두었어. 특히 수많은 해전 중에서도 전환점이 되었거나 전략적으로 중요했던 여덟 번의 전투는 따로 정리하여 '해전 기록'에 적어 두었어. 해전이 일어난 날짜와 장소, 출전 경로, 적군의 움직임에 대응한 전술 변화까지 상세하게 담았지. 이 기록이 후대에 바다를 지키는 모든 사람에게 소중한 지침이자 교훈이 되길 바라.

▲ 임진왜란의 주요 해전

임진년 5월 7일, 옥포 해전

부산진과 동래성을 점령한 일본군이 계속 진격하자, 남해 앞바다에 피신해 있던 경상 우수사 원균에게 구원 요청이 왔어. 장수들과 의논한 끝에 출전하기로 결정했지. 이 해전이 나의 첫 출전이었어!

전라 좌수영이 보유한 판옥선 스물네 척이 앞장서고 그 뒤를 식량, 식수, 땔감 등을 실은 작은 배들이 뒤따랐지. 이틀 후, 판옥선 네 척을 이끈 경상 우수사 원균과 만났어. 전라 좌수영과 경상 우수영의 연합 함대는 내가 지휘하기로 했어.

다음 날, 옥포에 정박 중인 일본 군함 쉰 척 정도를 발견했어. 돛을 접고 노를 저어 서서히 근처로 접근했지. 일본 군함이 총통의 사정거리에 들어오자 대장군전을 쏘았어. 우리의 총통은 일본군의 조총보다 사정거리가 훨씬 길었어. 그러니 먼 거리에서 쏘아 대는 화포에 일본군은 제대로 대응하지 못하고 도망치기 바빴지.

우리 수군은 큰 피해 없이 일본 함선을 격침시켰고, 일본군을 제압할 수 있었어. 옥포 해전의 승리는 임진왜란이 일어나고 처음으로 쟁취한 값진 승리였어.

▲ 옥포 해전도

임진년 5월 29일, 사천 해전

경상도에 남아 있던 경상 우수사 원균에게서 급한 전보가 왔어. 일본군이 경상남도 사천까지 진출했다는 내용이었지.

5월 29일, 판옥선과 거북선을 이끌고 여수를 출발해 사천으로 향했어. 거북선은 임진왜란이 시작되기 전에 만들긴 했지만 실제 해전에 투입한 건 이번 전투가 처음이었어. 사천 포구는 바다가 안으로 깊숙이 파고들어 와 있는 만이 형성된 곳이야. 도착하니 마침 썰물 때라 포구에 가까이 가기가 어려웠지. 유인 작전이 필요하다고 생각했어. 우리가 다시 바다로 도망가는 척하니 일본군들이 정박 중이던 함선에 올라타 뒤따라오더군. 일본군들이 만을 빠져나왔을 때 우리는 이때다 싶어 뱃머리를 돌렸지. 거북선이 앞장서서 일본 함선 사이를 뚫고 지나가며 총통을 쏘아 댔어. 판옥선도 뒤에서 총통을 쏘며 뒤쫓았지. 결국 일본 함선 열세 척을 모두 침몰시켰단다.

전투 중에 왼쪽 어깨에 총탄을 맞았지만 큰 부상은 아니야. 적이 언제 또 침입할지 모르니 이 정도 부상쯤이야 크게 신경 쓸 일도 아니지.

▲ 사천 해전도

임진년 6월 2일, 당포 해전

사천 해전을 무사히 치른 전라 좌수영과 경상 우수영의 연합 함대는 사량도라는 근처 섬에서 밤을 보냈어. 우리 수군에게는 잠깐의 휴식이었지. 그리고 다음 날, 당포 부두에 일본 함선이 있다는 보고를 받고 바로 출정 명령을 내렸어. 사천 해전에 이어 이번에도 거북선을 앞세웠지.

▲ 당포 해전도

거북선이 일본 함선이 모여 있는 곳으로 거침없이 돌진하며 총통을 발사했어. 일본군은 한순간에 큰 혼란에 빠졌지. 특히 대장선으로 보이는 아타케부네를 집중 공격 해서 일본군의 위세를 꺾으려 했어. 뒤따르던 판옥선에서도 총통을 총동원해 포격했지.

그 결과 일본 함선 스물한 척이 모두 물속으로 가라앉았고, 도요토미 히데요시의 신임을 받던 장수가 죽었어. 지휘관이 사라지자 일본군은 사기가 떨어졌는지 싸우려는 의지를 잃고 육지로 정신없이 도망쳤단다. 대장선을 집중 공격 한 우리의 전략이 성공한 거야. 게다가 연이은 승리로 우리 수군의 사기가 크게 오른 모습을 보니 무척 흐뭇했어.

임진년 7월 8일, 한산도 해전

　우리의 기습 공격에 잇따라 패했으니, 일본군이 분명 새 전략을 세울 거라는 생각이 들었어. 또 모든 전력을 모아 총공격을 해 올 것이라 예상했지. 만약 그런 상황이 온다면 병력과 함선 수에서 우리 군이 크게 밀리게 될 테고, 이에 대비할 새로운 전술과 전략이 필요했어. 전술만큼 중요한 것은 그 전략을 제대로 실행할 수 있는 장소였기 때문에 적당한 곳을 미리 찾아야 했지.

　내 예상은 빗나가지 않았어. 일본군은 전력을 모아 견내량으로 집결했고, 함선만 무려 일흔세 척에 달했어. 이에 비해 우리 함선은 쉰여섯 척뿐이었으니, 정면 승부로는 이기기 어려웠지. 많은 적을 적은 병력으로 상대하려면 실수 없이 주도권을 완전히 장악해야 했어.

　그때 떠오른 것이 '학익진' 전술이었어. 학이 날개를 편 듯이 진을 쳐 적을 둘러싸는 전술이지. 하지만 문제는 견내량의 지형이었어. 견내량은 바다가 좁고 암초가 많아 학익진 전술을 펴기에 적합하지 않았거든. 그렇다면 답은 단 하나, 일본군을 넓은 바다로 끌어내는 수밖에 없었어. 우리 수군과 함선이 쉽게 이동할 수 있고, 학익진 전술을 충분히 펼칠 수 있을 만큼 공간이 확보된 해역…… 바로 한산도 앞바다였어. 이제 남은 일은 일본군을 한산도 앞바다까지 끌어낼 치밀한 유인책을 세우는 것이었지.

　7월 8일, 우선 다섯 척의 판옥선을 보내 일본군을 꾀어냈어. 사실

이 전략은 아주 위험해. 우리 배 보다 일본의 배가 속력이 더 빠르기 때문에 자칫하면 실패할 수도 있었거든.

다섯 척의 판옥선이 일본 함선 유인에 성공하자, 한산도와 미륵도 근처에 매복해 있던 우리 함선이 나와 바다를 일자 형태로 막아섰어. 그리고 일본 함선이 다가오자 빠르게 반원 형태로 포위했지. 총통을 쏠 수 있을 만큼 거리가 가까워졌을 때 군사들에게 발포 명령을 내렸어. 거북선은 가운데서 총통을 쏘며 적을 향해 돌진했어. 일본군은 크게 당황했는지 어찌할 바를 모르더군.

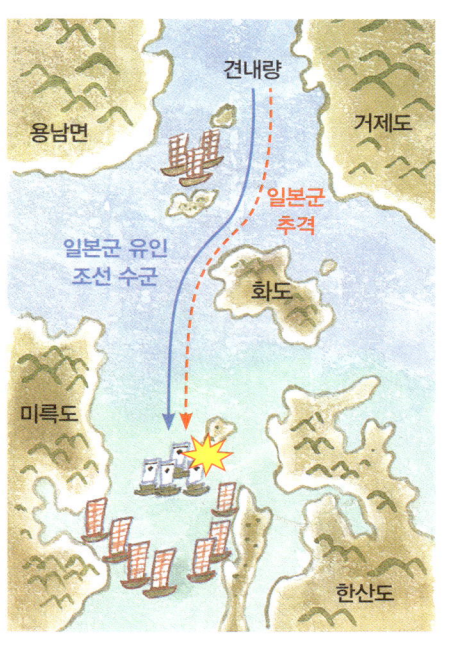
▲ 한산도 해전도

학익진 전술로 짧은 시간 동안 일흔세 척의 일본 함선 가운데 쉰아홉 척을 침몰시켰어. 반면 우리 배는 단 한 척도 훼손되지 않았지. 단순히 기습적으로 화포를 쏴 이긴 게 아니라 치밀한 전략을 세워 많은 적을 물리쳤기에 더욱 자랑스러웠어. 군사들이 내 지시에 따라 잘 움직여 주어서 전략이 성공할 수 있었던 거야. 한산도 해전의 승리로 일본군의 사기도 확 꺾인 듯 보였어.

임진년 9월 1일, 부산포 해전

한산도 해전과 안골포 해전 이후 두 달이 채 안 되는 시간. 이때도 쉴 수 없었어. 판옥선을 더 만들고 수군을 모집하는 데 힘쓰면서 다음 해전을 철저히 준비해야 했으니까.

일본군에게 위협이 되려면 우리 수군이 부산포를 공격해야 했어. 부산포는 일본군 활동의 중심이 되는 심장 같은 곳으로, 수만 명의 일본군이 모여 있었거든. 우리가 수적으로 불리하긴 하지만 더 이상 일본군이 힘을 못 쓰게 하려면 부산포를 공격할 수밖에 없다는 생각이 들었지.

▲ 부산포 해전도

부산포로 가는 날, 날씨가 좋지 않았어. 힘든 싸움이 되리라는 걸 알았지만 미룰 순 없었어. 태풍을 뚫고 부산포 근처에 도착해 보니, 500여 척의 일본 함선이 정박해 있었어. 일본군은 언덕에 올라가 우리 수군에게서 빼앗은 총통으로 무장하고 우릴 기다리고 있었지. 우리 수군은 바다에 완전히 노출된 상태여서 공격하기에 아주 불리했지만 포구를 향해 진격하면서 총통과 화살 공격을 퍼부었어. 워낙 악조건이었기 때문에 전사자 6명, 부상자 25명이라는 피해를 입었어. 하지만 일본 함선 100여 척을 침몰시키는 성과를 얻었지.

계사년 3월 16일

임진왜란이 시작되고 1년이 지나면서 일본과의 충돌이 점차 잦아들었어. 명나라에서 군대를 파견해 조선을 지원했고, 일본은 연이은 해전에서 패배하자 태도가 소극적으로 바뀌었기 때문이지.

계사년 7월 16일

우리 수군의 진을 여수에서 한산도로 옮겼어. 일본군이 움직이는 바닷길을 가로막기 위해서야.

계사년 8월 15일

조선 최초의 삼도 수군통제사로 임명되었어. 삼도 수군통제사는 경상도, 전라도, 충청도의 수군을 지휘하고 통솔하는 수군의 총사령관이야. 사실 전에는 전라 우수사 이억기, 경상 우수사 원균 등과 관직이 같아 의견 충돌이 있어도 해결하기 쉽지 않았는데, 삼도 수군통제사가 되었으니 수군을 좀 더 체계적이고 효율적으로 관리할 수 있을 것 같아. 전쟁에서 전술을 펴기도 더 수월해질 거고.

조정에서 나를 삼도 수군통제사로 임명한 것은 바다로 쳐들어오는 일본군을 막는 일이 얼마나 중요한 일인지 잘 알고 있었기 때문인 것 같아. 앞으로 더욱 굳건한 의지로 병사들과 함께 바다를 지켜 내리라 다짐했어.

국보로 지정된 《난중일기》

 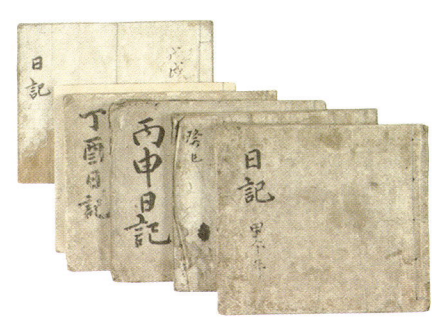

▲ 《난중일기》

 이순신은 임진왜란과 정유재란 중에 일기를 썼어요. 1592년 5월 1일부터 노량 해전에서 전사하기 전인 1598년 10월 7일까지, 전쟁을 치르면서도 틈틈이 기록을 남겼지요.

 이순신이 남긴 일기에는 별도의 이름이 없었어요. '난리 중에 쓴 일기'라는 뜻의 '난중일기'는 1795년 정조가 《이충무공전서》를 편찬하면서 붙인 것으로, 지금까지 이어져 쓰이고 있지요. 《난중일기》는 모두 일곱 권으로 구성되어 있으며, 각 권은 연도별 간지(干支)를 따서 이름 붙였어요.

 이 일기에는 전쟁 중에 병사들을 통솔하는 장군으로서의 생활, 솔직한 심정, 그리고 당시의 전쟁 상황을 짐작할 수 있는 내용들이 담겨 있어요. 그래서 임진왜란을 연구하는 데 없어서는 안 될 중요한 자료로 평가받고 있지요. 또한 《난중일기》는 그 가치와 중요성을 인정받아 이순신이 직접 쓴 친필 편지 〈서간첩〉, 조정에 올린 보고서 〈임진장초〉와 함께 국보 제76호로 지정되었답니다.

정유재란(1597~1598년)

정유년 1월 14일

남해안에 머물던 일본군이 다시 전쟁을 시작했어. 일본 대표는 명나라 대표와 만나서 조선의 남부 4도를 내 달라, 명나라의 공주를 시집보내라, 조선의 왕자와 대신을 인질로 삼겠다는 등 말도 안 되는 요구를 했지. 결국 전쟁이 시작되었고, 이를 '정유재란'이라고 해.

정유년 1월 21일

조정에서 출정 명령이 내려왔어. 하지만 일본군의 함정일 가능성이 커 보였지. 조선 수군이 위험에 빠질 수 있으니 신중해야 했어.

▲ 정유재란의 주요 해전

정유년 2월 24일

지난번 조정의 명령을 어겼다는 이유로 삼도 수군통제사에서 파직되고 한성으로 잡혀갔어. 나라가 전쟁으로 위태로운 때에 걱정이었지. 내가 맡고 있던 삼도 수군통제사 자리는 경상 우수사 원균이 대신 맡게 되었어.

정유년 4월 1일

옥에서 나와 권율 장군 밑에서 백의종군하라는 명령을 받았지. 고문을 받은 탓인지 예전보다 몸이 많이 약해진 것 같아.

정유년 7월 16일, 칠천량 해전

조정은 삼도 수군통제사 원균에게 바다에 나가 일본군을 막으라고 했어. 아주 위험한 일이라는 걸 원균도 잘 알았지. 핑계를 대며 출정을 미루다 권율 장군에게 곤장까지 맞고 7월에야 공격에 나선

▲ 칠천량 해전도

모양이야. 일본 함선을 추격했지만 제대로 공격하지 못하고 오히려 바람과 파도에 판옥선을 잃었다고 해. 식수를 보충하려고 내린 가덕도에서는 숨어 있던 일본군의 기습 공격을 받고 400여 명의 조선 수군을 잃었대. 그 후 칠천도에서도 기습 공격을 받고 퇴각했고. 상

황이 불리해지자 경상 우수사 배설은 자신의 판옥선 열두 척에 철수 명령을 내려 그곳을 도망쳤어.

전쟁에 나섰던 백여 척의 판옥선을 모두 잃고 수천 명 이상의 우리 수군이 전사했지. 원균과 전라 우수사 이억기도 전사하고 말았어. 백의종군 중에 이 소식을 듣고 너무나 안타까웠지.

정유년 8월 3일

다시 삼도 수군통제사로 임명되었어. 우리 수군의 상황은 최악이지만 다시 힘을 내야지. 아직 열두 척의 배가 남아 있으니까.

정유년 9월 16일, 명량 해전

일본 함선 130여 척이 어란진을 출발했다는 소식을 들었어. 판옥선 한 척을 수리해서 총 열세 척이 된 판옥선과 천여 명의 수군. 우리에게 가장 필요한 것은 정신 무장이었어. 나는 군사들에게 외쳤지.

▲ 명량 해전도

"반드시 죽고자 하면 살고, 반드시 살고자 하면 죽을 것이다. 목숨을 걸고 싸워라!"

적은 수로 많은 적을 막을 수 있는 곳이 어디일지 생각해 봤어. 나는 명량 해협을 떠올렸지. 물살이 암초에 부딪히는 소리가 우는 소리 같다고 하여 '울돌목'이라 불리는 명량은 물길이 좁고 물살이 빠른 곳이야. 물길이 좁아 아무리 적이 많아도 전투할 수 있는 배는 정해져 있지. 또 암초가 많으니 물길을 잘 아는 우리가 유리했어.

일자진을 형성한 채 적을 기다리고 있다가 맞서 싸웠어. 조류에 밀리지 않게 닻을 내리고 총통을 쏘며 전력을 다했지. 뒤로 물러나 있던 다른 판옥선도 우리를 보고는 공격을 도왔어. 우리가 일본군 지휘관의 목숨을 빼앗자 일본군이 동요하더군. 그때 마침 조류의 방향이 바뀌었고, 일본 배들이 정신없이 후퇴하면서 뒤엉켰어. 일본 함선 130여 척 중 30여 척이 침몰했어. 기적 같은 승리였지.

무술년 11월 19일, 노량 해전

총지휘관이었던 도요토미 히데요시가 사망한 뒤, 일본군의 사기는 점점 떨어졌어. 결국 일본군은 본국으로 돌아가기 위해 순천 앞바다에 모였지. 난 이번 전투가 마지막이 되리란 걸 직감했어.

우리를 도우러 온 명나라 수군과 총 140여 척의 함선으로 연합 함대를 꾸리고 노량에 숨어 기다렸어. 일본 함선이 총통의 사정거리 안에 들어왔을 때 화포를 발사했어. 일본군도 격렬하게 저항하며 공격했고, 혼란 속에서 난 일본군이 쏜 총을 맞았어. 하지만 병사들에

게 죽음을 알리지 말고 싸움에 집중하라고 당부했지.

7년 동안 이어진 조선과 일본의 전쟁도 이제 끝이었어. 마지막까지 우리의 바다를 지킬 수 있어서 정말 다행이야. 일본은 우리 수군이 강하다는 걸 절대 잊지 못할 거야.

▲ 노량 해전도

이순신을 향한 찬사

사랑한다, 그대여.
공로는 사직에 있고,
빛나는 충성 절개는 죽어도 영화롭다.
인생 한 세상에 한 번 죽음 못 면하네.
죽을 데서 죽은 이로 그대 같은 이 드물도다.
선조(조선 제14대 왕)

이순신은 백 번 싸운 장군으로서
한 손으로 무너지는 하늘을
붙든 사람이었다.
또한 재주와 기질을 가지고도
운수가 없어 백 가지 재능을
한 가지도 풀어 보지 못한 사람이었다.
유성룡(조선 시대 재상)

역사상 최고의 제독은 동방의 이순신과
서방의 호레이쇼 넬슨이다.
하지만 넬슨은 인간적, 도덕적인 면에서
이순신에 뒤쳐진다. 조선에서 태어났다는
이유 때문에 서방에 제대로 알려져 있지 않다.
사토 테츠타로(러일 전쟁에 참전한 일본 장수)

나를 영국의 넬슨과
비교하는 것은 가능하나,
이순신과 비교하는 것은
감당할 수 없는 일이다.
도고 헤이하치로
(러일 전쟁에 참전한 일본 장수)

내가 제일로 두려워하는 사람은 이순신이며,
가장 미운 사람도 이순신이며,
가장 좋아하는 사람도 이순신이며,
가장 흠모하고 숭상하는 사람도 이순신이며,
가장 죽이고 싶은 사람도 이순신이며,
가장 차를 함께 마시고 싶은 사람 역시 이순신이다.
와키사카 야스하루(임진왜란에 참전한 일본 장수)

이순신은
천지를 주무르는 재주와
나라를 바로잡은 공로가
있는 사람이다.
진린(명나라 장수)

충무공 이순신의 필승 정신

必死則生 必生則死
(필사즉생 필생즉사)

'필사즉생 필생즉사'는 '죽고자 하면 살고, 살고자 하면 죽는다'는 뜻으로, 이순신이 명량 해전을 앞두고 남긴 말이에요. 이순신이 어떤 마음으로 전투에 임했는지 알 수 있는 말이기도 합니다. 열악한 환경과 조건이었지만, 군사들을 잘 이끌어 일본과의 전투에서 승리하는 놀라운 결과를 냈지요. 이러한 용맹함과 뛰어난 리더십 때문에 우리나라 사람들은 가장 존경하는 역사적 인물로 이순신을 꼽기도 해요. 세계에서도 이순신은 최고의 제독으로 인정받고 있고요.

이순신이 죽고 45년이 지난 1643년, 인조는 이순신에게 '충무'라는 시호를 내렸어요. 시호(諡號)는 신하가 죽은 뒤, 공덕을 칭송하기 위해 붙이는 이름이에요. 이순신이 받은 충무(忠武)는 '신하의 도리를 지키고 나라를 위해 몸을 아끼지 않아, 밖으로는 적을 물리치고 안으로는 법도를 바로 세운다'는 뜻이지요. 이순신은 무인으로서 받을 수 있는 최고의 시호를 받았답니다.

이순신의 생애

- **1545년** — 이순신 태어남
- **1564년** — 상주 방 씨와 결혼
- **1572년** — 무과에 응시했으나 불합격
- **1576년** — 무과 합격, 함경도 권관*으로 부임
  *변방 지역을 관리하는 무관직(종9품)
- **1579년 2월** — 한성 훈련원 봉사*로 부임
  *훈련원 내 최하위 관직(종8품), 이순신은 인사 업무 담당
- **1579년 10월** — 충청도 병마절도사*로 부임
  *각 도의 육군을 지휘하는 무관직(종2품)
- **1580년** — 전라 좌수영 수군만호*로 부임
  *각 도 수영에 속한 무관직(종4품)
- **1583년** — 함경도 병마절도사로 부임, 여진족을 토벌하여 참군*으로 승진
  *훈련원 내 무관직(정7품)
- **1586년 1월** — 부친상으로 3년상 후 사복시 주부*로 복직
  *궁중의 가마나 말 등에 관한 일을 맡아보던 관청인 사복시의 관직(종6품)
- **1586년 2월** — 함경도 조산보 만호로 부임
- **1587년** — 녹둔도 둔전관* 겸임, 여진족 기습 피해에 대한 책임을 지고 백의종군(1차)
  *병사들이 먹을 곡식을 농사짓는 땅(둔전)의 관리직
- **1589년** — 전라도 정읍 현감*으로 임명
  *최하위 지방 행정 구역인 현의 수령(종6품)

1591년	진도 군수로 임명, 전라 좌수영 수군절도사*로 부임
	*전라 좌수영 수군의 총지휘관(정3품)
1592년 4월	임진왜란 발발
1592년 5월	옥포 해전, 합포 해전, 적진포 해전, 사천 해전 승리
1592년 6월	당포 해전, 당항포 해전, 율포 해전 승리
1592년 7월	한산도 해전, 안골포 해전 승리
1592년 9월	부산포 해전 승리
1593년 2월	웅포 해전 승리
1593년 8월	삼도 수군통제사*로 임명
	*경상, 전라, 충청 3도 수군의 총지휘관(종2품)
1597년 1월	정유재란 발발, 삼도 수군통제사에서 파직
1597년 3월	한양으로 압송, 옥에 갇힘
1597년 4월	출옥하여 권율 장군 지휘 아래 백의종군(2차)
1597년 8월	원균 장군이 칠천량 해전에서 대패한 뒤, 삼도 수군통제사로 재임명
1597년 9월	명량 해전 대승
1598년	노량 해전 승리, 일본군의 총탄에 맞아 배 위에서 이순신 순국
1643년	사후에 '충무(忠武)'라는 시호를 받음

참고 자료

도서 및 학술지

- 국립해양문화재연구소, 〈조선 시대 그림 속의 옛 배〉, 국립해양문화재연구소, 2010년
- 국립해양문화재연구소, 〈판옥선 : 학술 복원 보고서〉, 국립해양문화재연구소, 2021년
- 김시덕, 《그들이 본 임진왜란》, 학고재, 2012년
- 김정진, 남경완, 《거북선 : 신화에서 역사로》, 알에이치코리아, 2005년
- 설민석, 《전쟁의 신, 이순신》, 휴먼큐브, 2014년
- 신호영, 《이순신의 끝나지 않은 전쟁》, 돋을새김, 2014년
- 윤영수, 《불패의 리더 이순신》, 하늘재, 2014년
- 이광희, 《이순신과 함께 펼쳐 보는 임진왜란 3대 대첩》, 그린북, 2015년
- 이민웅, 《이순신 평전 : 420년 만에 다시 본 임진왜란과 이순신》, 책문, 2012년
- 이순신, 《교감완역 난중일기》(노승석 옮김), 민음사, 2010년
- 이철희, 〈이순신의 관직 변동 및 강등여부에 대한 고찰〉, 《군사》 135호, 2025년
- 햇살과나무꾼, 《이순신》, 주니어RHK, 2006년

웹사이트

- 국가유산청 국가유산포털 heritage.go.kr
- 국가유산청 현충사 관리소 hcs.khs.go.kr
- 국사편찬위원회 우리역사넷 contents.history.go.kr
- 동북아역사재단 nahf.or.kr
- 이순신포럼 yisunshinforum.or.kr

사진 출처

- 24쪽 부산진 순절도(국가유산청 국가유산포털)
- 25쪽 도요토미 히데요시(국사편찬위원회 우리역사넷)
- 26쪽 조운선(국립해양문화재연구소)
- 27쪽 판옥선(국가유산청 현충사 관리소)
- 53쪽 조총(PHGCOM)
- 61쪽 이충무공전서의 거북선(국립해양문화재연구소)
- 79쪽 난중일기(국가유산청 국가유산포털)
- 89쪽 이순신 동상(프리픽)